DIE REIHE
Archivbilder

BERLIN-LICHTENBERG

IM WANDEL DER ZEIT

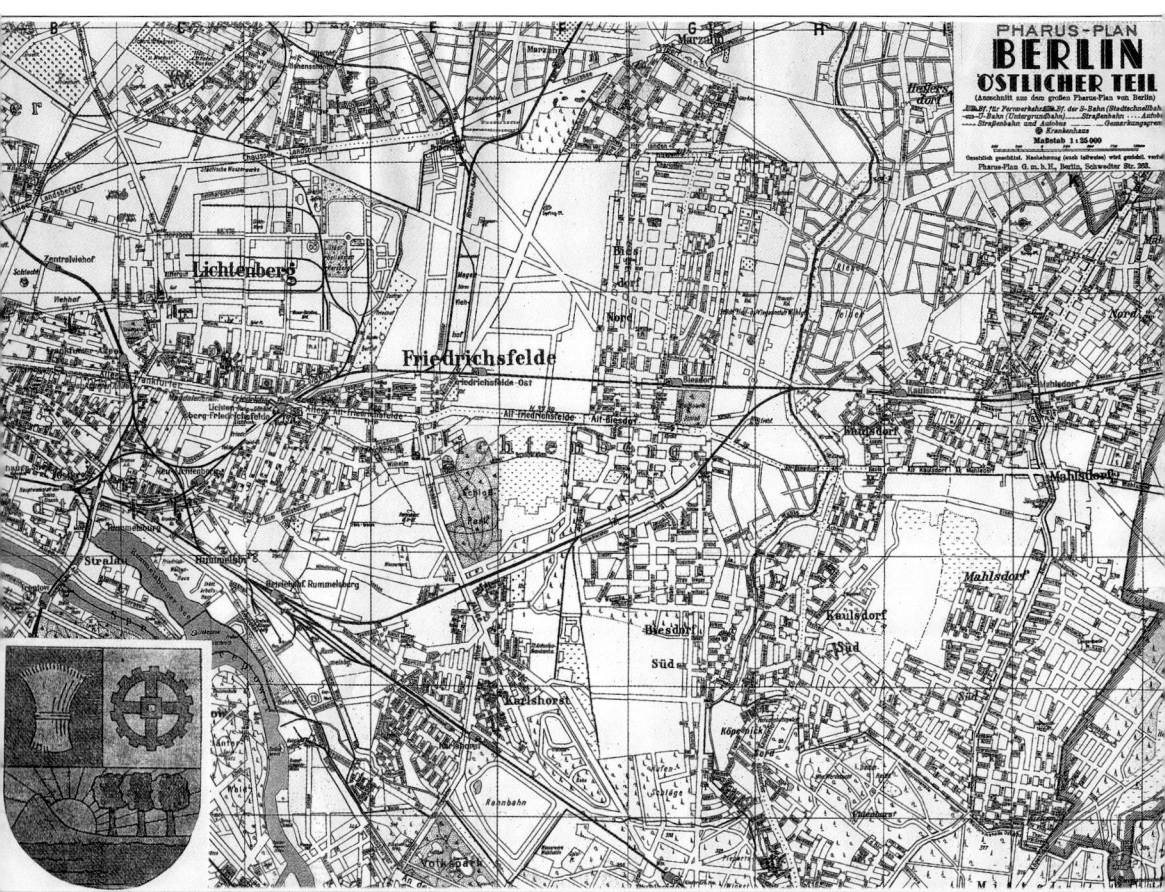

Der Pharus-Stadtplan vom Bezirk Lichtenberg um 1925 zeigt die einstigen Ortsteile Boxhagen und einen Teil Friedrichsbergs innerhalb der Ringbahn. Östlich davon befinden sich Lichtenberg, Wilhelmsberg, Rummelsburg, Friedrichsfelde und Karlshorst. Zur Stadtgrenze liegen die einstigen Dörfer Biesdorf, Kaulsdorf und Mahlsdorf und nördlich davon Marzahn und Hellersdorf.

DIE REIHE
Archivbilder

BERLIN-LICHTENBERG

IM WANDEL DER ZEIT

Ralf Schmiedecke

SUTTON
VERLAG

Sutton Verlag GmbH
Hochheimer Straße 59
99094 Erfurt
www.suttonverlag.de
Copyright © Sutton Verlag, 2008

ISBN: 978-3-86680-280-3

Druck: Florjančič Tisk d.o.o. / Slowenien

Das Lichtenberger Streich-Quartett, bestehend aus zwei Geigen, Schlagzeug und Xylofon, bot Musik für alle Festlichkeiten an. Die Bestellung der Musiker konnte gleich vor Ort entgegengenommen werden. Die Aushänge im Hintergrund weisen auf Kinofilme und Veranstaltungen u. a. mit Heinz Rühmann und Walter Kollo um das Jahr 1930 hin.

Inhaltsverzeichnis

Danksagung

An dieser Stelle möchte ich mich bei allen großzügigen Leihgebern bedanken, die mir freundlicherweise ihre privaten Bilder und Fotografien überließen.

Privatsammlungen:

Peter-Alexander Bösel, Berlin-Wilmersdorf
Klaus Dietz, Berlin-Charlottenburg
Karl-Heinz Gärtner, Berlin-Marzahn-Hellersdorf/Biesdorf
Hans-Peter Nabbefeld, Berlin-Lichtenberg/Friedrichsfelde
Ellen und Klaus Redemann, Berlin-Reinickendorf
Stefan Wolski, Berlin-Mitte

Bedanken möchte ich mich auch bei den Händlern der Flohmärkte Am Kupfergraben, am Ostbahnhof, in der Straße des 17. Juni, der Empore Kahl in der Kurmärkischen Straße in Berlin-Schöneberg und bei Christine und Herbert Muser in Berlin-Reinickendorf.

Für die Recherchen und Mitarbeit sowie die kritische Durchsicht der Texte und Bildkommentare danke ich Andrea Lieeis, Peter-Alexander Bösel und Michael Thomas Röblitz, für die Anregungen zur Bildauswahl Hella Kiefer.

Mein besonderer Dank für die Bilder, Recherchen und die Korrekturen der Texte der einstigen Lichtenberger Dörfer geht an den Biesdorfer Ortschronisten Karl-Heinz Gärtner.

Foto einer Knabenklasse mit Lehrer vor dem mächtigen Schulportal. Ein Schild weist auf die angebotenen Übungsabende des Lichtenberger Vereins für Einheitskurzschrift hin, die jeden Donnerstag von 19.30 bis 20.30 Uhr hier stattfanden.

Einleitung

Bei der Bildung Groß-Berlins im Jahre 1920 wurden die Stadt Lichtenberg (Boxhagen-Rummelsburg, Friedrichsberg und Wilhelmsberg) mit den Landgemeinden Friedrichsfelde, dazugehörig Karlshorst, Marzahn, Kaulsdorf und Mahlsdorf und die Gutsbezirke Hellersdorf mit Wuhlgarten und Biesdorf zum 17. Verwaltungsbezirk Berlins. Die Bezirksfläche erreichte 78,7 Quadratkilometer. Davon nutzte man seinerzeit noch 1.762 Hektar landwirtschaftlich. Vornehmlich auf diesen Flächen entstanden nach 1975 die Plattenbausiedlungen in Marzahn und Hellersdorf. Auch innerstädtisch erfolgte eine Verdichtung von Neubauten an der südlichen Frankfurter Allee Lichtenbergs und deren östlicher Verlängerung sowie am Tierpark in Friedrichsfelde. Heute wohnt fast jeder zweite Lichtenberger in einer nach 1945 errichteten Wohnung.

Im Jahre 2001 fusionierte Lichtenberg (Alt-Lichtenberg, Friedrichsfelde, Karlshorst) mit dem 1986 gebildeten nördlichen Nachbarbezirk Hohenschönhausen. Der neu entstandene XI. Bezirk von Berlin heißt Lichtenberg. Dort leben heute rund 267.000 Einwohner.

Lichtenberg wurde 1288 erstmals urkundlich erwähnt und gelangte 1391 in den Besitz der Stadt Berlin. Es blieb bis Anfang des 19. Jahrhunderts ein Kämmereidorf. Hier hatten im 18. Jahrhundert auch höhere Beamte und Offiziere ihre Anwesen, u. a. von Möllendorff und Fürst Hardenberg. Ab 1871 entwickelte sich Lichtenberg zum Industriestandort. Bis 1910 stieg die Einwohnerzahl rasant auf rund 135.000 Menschen an. 1907 erhielt Lichtenberg unter Oskar Ziethen (1858–1932) die Stadtrechte.

Am 13. April 1914 erhielt die Stadt Lichtenberg dieses Wappen. Es weist auf den ländlichen Charakter und die Industrie hin. Der untere Teil des Schildes symbolisiert die Siedlung an einem „lichten Berg", die unweit des Rummelsburger Sees entstand. 1920 erhielt der neue Bezirk den Namen der Stadt Lichtenberg. Die Zerstörungen im Zweiten Weltkrieg waren erheblich. Weite Teile der Industrie und über 35 Prozent der Wohnungen waren im Bezirk vernichtet. Um 1775 betrieb der Weinhändler Rummel an einer Bucht der Spree bei Stralau ein Restaurant. Sein Name übertrug sich auf das Umland sowie den See. An der heutigen Lückstraße wurden 1783 vier Doppelhäuser für acht Bündnerfamilien errichtet, die den Rummelsburger Siedlungskern, den Lichtenberger Kietz, bildeten. Dieses Flurstück hieß schon 1571 Kietzer Lacken. Die Victoriastadt, heute Kaskelkiez genannt, ist durch zahlreiche Bahnanlagen und nach deren Hochlegung ab 1900 vom umliegenden Stadtraum abgetrennt und lediglich durch fünf enge Unterführungen erreichbar. Größtenteils war die Bebauung des ab 1871 entstandenen geschlossenen Stadtquartiers bis 1914 beendet. Durch die enorme Preissteigerung bei der Ziegelherstellung in jener Zeit entstanden hier von 1872 bis 1875 etwa 60 kleine, schmucklose und nicht unterkellerte Gebäude aus Zement und Schlackebeimischungen. Damit gelang es erstmals, einen fabrikmäßigen Standard für Gussbeton zu schaffen.

Das 1543 erstmals erwähnte Vorwerk Buckshagen lag südlich des Wismarplatzes. Erwähnung fand es auch 1591 als Berliner Magistratsmeierei. Das Land war zumeist an Berliner Bürger verpachtet. Um es urbar für den Obst- und Gemüseanbau zu machen, warb Friedrich II. im

Jahre 1771 acht böhmische Familien an. Diese Ansiedlung stellte dann die Kolonie Boxhagen dar. Aufgrund des kargen Bodens wurde der Ort für Berlin bedeutungslos, sodass 1808 das Vorwerk und die Kolonie Boxhagen sowie Rummelsburg als Berliner Exklave zum Landkreis Niederbarnim kamen. Die 1912 gegründete Landgemeinde Boxhagen-Rummelsburg, bestehend aus dem Lichtenberger Kietz (Rummelsburg), Stralau, Teilen Friedrichsfeldes und Boxhagen, kam mit ihren seinerzeit 52.000 Einwohnern zur Stadt Lichtenberg, bis dieser Teil innerhalb des S-Bahn-Rings 1938 dem Bezirk Friedrichshain zugeschlagen wurde.

Nördlich von Boxhagen entstand um 1770 eine Ansiedlung böhmischer Familien unter Friedrich II., die den Namen Friedrichsberg erhielt. Sie reichte bis zur heutigen Frankfurter Allee. Um 1800 lebten hier 21 Personen, 1840 waren es bereits 225 Bewohner. Auch hier brachte der Boden keinen ökonomisch verwertbaren Ertrag. Friedrichsberg lag 1862 außerhalb der Weichbildgrenze Berlins und kam dadurch zu Lichtenberg, bis es 1938 ebenfalls an den Bezirk Friedrichshain fiel.

Die ab 1871 besiedelte Lichtenberger Kolonie wurde ab 1878, dem Zeitgeist entsprechend, nach Kaiser Wilhelm I. in Wilhelmsberg umbenannt. Das heute vorwiegend gewerblich genutzte und kaum noch bekannte Gebiet im Dreieck Landsberger Allee, Oderbruchstraße / Konrad-Wolf-Straße und Simon-Bolivar-Straße war von der Bevölkerungsstruktur her vornehmlich eine Arbeitersiedlung. Die Bewohner waren überwiegend im Gebiet oder in Berliner Fabriken tätig, ab 1881 waren auch viele im Zentralviehhof beschäftigt. Die Kolonie wurde 1920 als Bestandteil Lichtenbergs zu Groß-Berlin eingemeindet. Im Jahre 1938 kam das Gebiet Wilhelmsbergs nördlich der Landsberger Allee zu Hohenschönhausen. Nach 1945 entstand dort ein Trümmerberg, der als Oderbruchkippe bezeichnet wird. Weitere Grenzkorrekturen fanden 1974 in Wilhelmsberg statt. Die ab 1972 errichtete Neubausiedlung Fennpfuhl westlich des Weißenseer Weges kam erneut zu Lichtenberg, die östliche Straßenseite verblieb bei Hohenschönhausen. Sie wird 2001 eigenständiger Ortsteil Lichtenbergs. Vom Wilhelmsberg sind nur noch Gebäude aus der Zeit um 1900 am Ostrand der Konrad-Wolf-Straße erhalten. Der Name selbst findet sich in Stadtplänen nicht mehr.

Das erstmals 1265 erwähnte Straßenangerdorf Rosenfelde kam 1319 in den Besitz Berlins. Teile gehörten zeitweise zum Nonnenkloster in Spandau. Der Marinedirektor des Großen Kurfürsten Benjamin Raule erwarb Rosenfelde 1682. Zu Ehren des Kurfürsten Friedrich III. wurde der Ort 1699 in Friedrichsfelde umbenannt.

Carl Sigismund von Treskow legte 1825 auf der südlichen Friedrichsfelder Feldmark das Vorwerk „Carlshorst" zur landwirtschaftlichen Nutzung an. Hier befanden sich 1850 schon mehrere Bauernhöfe. In der Geschichte des Pferdesports taucht der Ortsname am 24. Juni 1862 erstmals auf. Im Jahre 1895 unterzeichnete der Niederbarnimer Landrat Wilhelm von Waldow den „Koloniekonsens", der es erlaubte, hier Villen- und Landhäuser zu errichten. Die heutige Schreibweise Karlshorst verwendet man seit 1901. Mit der bedingungslosen Kapitulation der deutschen Wehrmacht endete hier im Mai 1945 der Zweite Weltkrieg. Kurz danach wurde Karlshorst zum Sperrgebiet erklärt und die Kaserne sowie umliegend enteignete Häuser waren bis 1994 Hauptquartier der sowjetischen Militäradministration.

Urkundlich erstmals erwähnt wurde Biesdorf im Landbuch Karls IV. im Jahre 1375. Der Grundherr von Bysterstorp bzw. Bisterstorp ist Henning von der Gröben. Mit der Reformation in Brandenburg wurde Biesdorf 1539 Mutterkirche von Kaulsdorf und später noch von Mahlsdorf und Marzahn. Auch hier verursachte der Dreißigjährige Krieg Zerstörungen und Bevölkerungsschwund. In zwei Schritten erwarb Kurfürst Friedrich Wilhelm 1653 und 1666 Biesdorf, das bis 1872 dem Amt Köpenick unterstellt wurde. Im Jahre 1887 erwarb Werner von Siemens das Gut Biesdorf und übertrug das 600 Hektar große Terrain zwei Jahre später an seinen Sohn Wilhelm. Verstärkte Siedlungstätigkeit gab es im 20. Jahrhundert. Es entstanden Kolonien in Biesdorf-Nord und -Süd, Daheim und Biesenhorst. Die Gemeinde kam 1920 zu Lichtenberg. 1927 kaufte die Stadt Berlin Gut, Schloss und Park Biesdorf für sechs Millionen Reichsmark und gestaltete den 14 Hektar großen Park zu einem Volkspark um, der Pfingsten 1928 öffentlich zugänglich wurde.

In einer Schenkungsurkunde des Markgrafen Ludwig d. Ä. an die Kalandsbrüder in Bernau aus dem Jahr 1347 findet sich „Caulstorps" Ersterwähnung. Kaulsdorf wurde 1412 ein Altargut der

Petrikirche zu Cölln an der Spree. Die Rechte gingen 1536 an die Domkirche in Berlin. Mit der Reformation wurde der Ort zur Tochterkirche von Biesdorf. Am Ende des Dreißigjährigen Krieges war das Dorf verwüstet und verlassen. Bis 1652 dauerte es, ehe alle Bauern- und Kossätenhöfe wieder vollständig waren. In Kaulsdorf, zum neuen Amtsbezirk Biesdorf gehörend, fand 1874 die erste Gemeindevertreterwahl statt. Bis 1920 gehörte Kaulsdorf mit seinen 8,7 Quadratkilometern zum Kreis Niederbarnim. Bemerkenswert ist der sogenannte Berliner Balkon an der Grenze zu Mahlsdorf südlich der Bundesstraße (B1/B5), ein großflächig unbebauter Höhenunterschied zwischen der Barnimhochebene und dem Berliner Urstromtal. 1979 wurde Kaulsdorf dem Bezirk Lichtenberg ausgegliedert und dem neu gegründeten Stadtbezirk Marzahn zugeordnet.

1345 als Malterstorp erstmals erwähnt, gab es in Mahlsdorf bis zu Beginn des 19. Jahrhunderts nur eine geringfügige Entwicklung. Der Ort zählte rund 250 Einwohner. Auf Erlass Friedrichs II. wurden 1753 württembergische Kolonisten aus Plattenhardt an der südöstlichsten Ecke Mahlsdorfs angesiedelt, die dort den Ort Kiekemal gründeten. Während der Gründerjahre stieg die Einwohnerzahl bis 1920 auf 6.000 Menschen an. Seit 1920 zu Lichtenberg gehörig, kam Mahlsdorf 1979 zum Stadtbezirk Marzahn und ab 1986 dann zum neuen Bezirk Hellersdorf. Heute leben im Ortsteil Mahlsdorf auf einer Fläche von über 13 Quadratkilometern rund 27.000 Menschen.

Das Angerdorf Morczane (Marzahn) wurde erstmals am 19. Dezember 1300 in einer Urkunde des Markgrafen Albrecht III. erwähnt. Rund 75 Jahre später gab man die Größe des Dorfes im Landbuch Karls IV. mit 52 Hufen an. 1764 kauften Familien aus der Kurpfalz das gesamte Marzahner Vorwerk. 1832 vernichtete eine Feuersbrunst die Hälfte der Kolonistenhäuser und die 1718 errichtete Schule. Erst 1860 war das Dorf wieder vollständig aufgebaut. Zur Schmutzentwässerung der Berliner Innenstadt wurden auf Initiative von James Hobrecht in den Jahren 1881 bis 1883 u. a. auch in Marzahn und Kaulsdorf Rieselfelder angelegt. Weitere Siedlungsgebiete entstanden mit der Parzellierung ab 1910 südlich und ab 1926 nördlich des Dorfkerns. Die Einwohnerzahl lag 1920 bei 745. Heute leben im Dorf Marzahn und den einstigen Siedlungsgebieten über 4.100 Menschen. Das gesamte Angerdorf mit Kirche wurde am 25. September 1977 unter Denkmalschutz gestellt und danach vorbildlich historisch getreu restauriert. Darum konnten von 1975 bis zu Beginn der 1980er-Jahre auf rund 600 Hektar Land drei Großsiedlungen entstehen. Zur Verkehrsanbindung wurde die S-Bahn nach Ahrensfelde und die U-Bahn bis nach Hönow verlängert. Einzigartig in Berlin ist der Bahnhof Wuhletal, hier realisierte man erstmals Richtungsbahnsteige gemeinsam für U- und S-Bahn. Der neue (21.) Stadtbezirk Marzahn (und 9. Bezirk Ostberlins) entstand 1979 durch Einbeziehung der Lichtenberger Ortsteile Hellersdorf, Biesdorf, Kaulsdorf und Mahlsdorf.

Als Helwichstorp fand Hellersdorf erstmals 1375 im Landbuch Kaiser Karls IV. Erwähnung. Ab 1618 gehörte es zu den brandenburgischen Gemeinden Blumberg und später zu Eiche. Das rund 600 Meter lange Straßendorf wurde infolge der Pest und des Dreißigjährigen Krieges wüst. Eine Neuansiedlung in rund 650 Meter Entfernung erfolgte 1745. Graf von Armin baute den Ort 1836 zum Rittergut aus. Berlin erwarb dieses 1886 und legte dort Rieselfelder an. Hellersdorf kam 1920 zu Lichtenberg. Das Gut wurde Teil der Berliner Stadtgüter GmbH. 1986 entstand der (22.) Stadtbezirk Hellersdorf. Er wurde aus den bereits errichteten Neubaugebieten östlich der Wuhle und den Marzahner Ortsteilen Hellersdorf, Kaulsdorf und Mahlsdorf gebildet.

2001 fusionierten die Bezirke Marzahn und Hellersdorf mit ihren Ortsteilen zum X. Bezirk von Berlin mit Namen Marzahn-Hellersdorf.

Bibliografie und Bildnachweis

BAEDEKER, KARL: *Der große Baedeker Berlin*, Karl Baedeker GmbH, Freiburg 1990.

BEZIRKSAMT LICHTENBERG VON BERLIN: *100 Jahre Karlshorst, Geschichte einer Villen- und Landhaus-Siedlung*, be.bra Verlag, Berlin 1995.

CHOD, KATRIN / SCHWENK, HERBERT / WEISSFLUG, HAINER: *Berliner Bezirkslexikon – Friedrichshain-Kreuzberg*, Haude & Spener, Berlin 2003.

Die neuen Bezirke (ab 1. Januar 2001), Edition Gauglitz, Berlin 2000.

FEUSTEL, JAN: *Spaziergänge in Lichtenberg*, Haude & Spener, Berlin 1996.

HÄNSEL, SYLVAINE / SCHMITT, ANGELIKA: *Kinoarchitektur in Berlin 1895–1995*, Dietrich Reimer Verlag, Berlin 1995.

LANDESARCHIV BERLIN: *Straubes Übersichtsplan von Berlin in 44 Blättern aus dem Jahr 1910 im Maßstab 1:4000*, Edition Gauglitz, Berlin 2003.

LANDESDENKMALAMT BERLIN: *Denkmalliste Bezirk Lichtenberg im Internet*, Berlin 2007.

MAYER, HERBERT / JOHN, PETER: *Wegweiser zu Berlins Straßennamen – Lichtenberg*, Edition Luisenstadt, Berlin 1997.

MEYER-KRONTHALER, JÜRGEN / KRAMER, WOLFGANG: *Berlins S-Bahnhöfe – Ein dreiviertel Jahrhundert*, be.bra.verlag, Berlin 1998.

PETERS, DR. GÜNTER: *Marzahn – das schönste Angerdorf Berlins (Nr. 107)*, Kai Homilius Verlag, Berlin 2000.

SCHMIEDECKE, RALF: *Berlin-Friedrichshain*, Sutton Verlag GmbH, Erfurt 2006.

SCHULZ, JOACHIM / GRÄBNER, WERNER: *Berlin – Architektur von Pankow bis Köpenick*, VEB Verlag für Bauwesen, Berlin 1987.

VOGEL, WERNER: *Berlin und seine Wappen*, Verlag Ullstein GmbH, Berlin-Frankfurt/Main 1987.

ZENTRAL- UND LANDESBIBLIOTHEK BERLIN: *Berliner Adressbücher 1799–1943 im Internet*, Berlin 2008.

Private Sammlungen:
Peter-Alexander Bösel: S. 25u., 28u., 41u., 46o.
Klaus Dietz: S. 20u., 60o., 99u., 106o., 118o.
Karl-Heinz Gärtner: S. 42, 79u., 103, 108o., 118u., 120o., 124o., 125o., 126o., 127
Hans-Peter Nabbefeld: S. 35o., 38u., 58o., 63o., 83o., 98o.
Ellen und Klaus Redemann: S. 77u.
Stefan Wolski: S. 4
Ralf Schmiedecke: alle restlichen Bilder
Copyright Pharus-Plan: S. 2

1
Alt-Lichtenberg und Wilhelmsberg

Blick im Jahre 1909 von der Rittergutstraße (heute Josef-Orlopp-Straße) auf den nördlichen Dorfanger Lichtenbergs. Die Straßenbahnlinie 74, auch als „Herzberge Linie" bezeichnet, fährt gerade die Dorfstraße entlang in Richtung Süden. Viele der Gebäude, sowohl Kolonistenhäuser als auch großstädtische Mietshäuser, wurden im Zweiten Weltkrieg zerstört. Eine der wenigen erhaltenen Bauten ist die Dorfkirche, die hier noch mit ihrem unverwechselbaren Turmhelm zu sehen ist.

Die alte Pfarrkirche Lichtenbergs ist ein früh-gotischer, rechteckiger Feldsteinbau aus der zweiten Hälfte des 13. Jahrhunderts. Der Turm wurde 1864 aufgesetzt. Nach starken Kriegs-zerstörungen baute man die Kirche verein-facht wieder auf und der Turm bekam einen neuen Spitzhelm. Der Loeperplatz erhielt 1914 seinen Namen nach einer Lichtenberger Bauern- und Gutsbesitzerfamilie.

Die Eldenaer Straße verband das Dorf Lichtenberg über Forckenbeckplatz und Weidenweg mit Berlin, bis der Teil von der Ringbahn zur Möllendorffstraße 1907 nach dem Jurist und Dichter Josef Victor von Scheffel (1826–1886) in Scheffelstraße umbenannt wurde. Die Ansicht von 1906 zeigt noch Gehöfte auf dem heute leeren Anger, rechts der Turm der Dorfkirche.

Blick von Süden auf den Dorfanger, 1910. Nach und nach verschwanden die alten Bauernhäuser zugunsten einer geschlossenen, viergeschossigen Bebauung. Hier befand sich das Kriegerdenkmal der Lichtenberger, die in den Feldzügen 1864, 1866 und 1870/71 geblieben waren.

In der Möllendorffstraße 25–26 befanden sich die Festsäle von Paul Schwarz. Hier zu sehen der große Festsaal mit den blumengeschmückten Tischen und in dessen Mitte eine große Parketttanzfläche. Die Aufnahme entstand im Dezember 1919. Inhaber war seinerzeit H. Eschwey, der Nachfolger des verstorbenen Paul Schwarz. Dessen Frau Clara Schwarz verwaltete das Anwesen noch mehrere Jahre.

An der Dorfstraße erhielt der Generalfeldmarschall und Gouverneur von Berlin, Wichard Joachim Heinrich Graf von Möllendorff (1724–1816), um 1760 ein Grundstück. Auf diesem baute er sich ein Landhaus, das Möllendorff'sche Schlösschen, mit dazugehörigem Park. Nachdem die Gemeinde das Anwesen 1907 gekauft hatte, wurde es 1911 abgerissen, um einen Zugang zum neuen Stadtpark zu schaffen.

Als Zugang von der Möllendorffstraße zum Stadtpark Lichtenberg dient die Kielblockstraße mit ihren begrünten Innenhofanlagen. Die Aufnahme von 1941 zeigt in ihrer Mitte den Fischerbrunnen vom Bildhauer Hans Latt. Benannt wurde die Straße nach dem Lichtenberger Kommunalpolitiker Gustav Kielblock (1843–1917), der auch Obermeister der Schornsteinfegerinnung war.

Diese Partie aus dem Stadtpark Lichtenberg entstand im Sommer 1925. Auf einer einen Baum umschließenden Parkbank am See genießen diese drei Personen das Vogelgezwitscher und die frische Luft.

Die Vier-Schwerter-Säule, auch Nageldenkmal genannt, wurde 1915 an der Möllendorffstraße aufgestellt. Jeder, der noch einen Groschen besaß, konnte diesen spenden und dafür einen silbernen oder eisernen Nagel in die Säule einschlagen. Damit wurde in der Heimat für die Fortführung des Ersten Weltkriegs gesammelt. Hier sieht man Kinder im Jahre 1916 beim Einschlagen der Nägel.

Im Stil der Renaissance wurde 1910/11 die höhere Knabenschule nach Entwürfen von Johannes Uhlig und Wilhelm Grieme erbaut. Auf Anordnung der sowjetischen Militäradministration kam es am 30. Juni 1948 zur Gründung des größten Kinder- und Jugendtheaters Deutschlands. Das Foto von 1954 zeigt das Zentralhaus der Jungen Pioniere.

Hans Rodenberg (1895–1978) war langjähriger Intendant des Theaters der Freundschaft im Zentralhaus der Jungen Pioniere. Hier zu sehen das Schauspielstudio im Haus der Kinder im Jahre 1953. Von 1991 bis 2005 war es unter dem Namen Carrousel Theater bekannt, heute heißt es Theater an der Parkaue.

Munter, ausgelassen und fröhlich sind diese Lichtenberger Gymnasiasten auf Rollschuhen hockeyspielend beschäftigt. Dazu nutzen sie die Fahrbahn der Straße Am Stadtpark. Im Hintergrund sind die Gebäude der Möllendorffstraße / Ecke Normannenstraße zu sehen. Diese Kunst-Ansichtskarte wurde 1924 versandt.

Blick von der Möllendorffstraße in die Normannenstraße, um 1920. Sie erhielt ihren Namen um 1907 nach nordischen Seefahrern und Eroberern. Zu DDR-Zeiten gelangte diese Straße / Ecke Ruschestraße zu trauriger Berühmtheit. Hier befand sich von 1950 bis 1990 in einem großen Gebäudekomplex die Zentrale des Ministeriums für Staatssicherheit (MfS).

Schon bevor Lichtenberg 1907 zur Stadt ernannt wurde, erhielt es ein majestätisch anmutendes Rathaus. Nach Entwürfen von Franz Emil Knipping entstand es 1897/98 als neugotischer, dreigeschossiger Backsteinbau mit Souterrain. Bemerkenswert sind die repräsentative Eingangsfront, die Staffelgiebel und die Dachreiter. Das Foto entstand 1963.

Auf den Stufen des Haupteinganges des Rathauses ließ sich dieses Paar mit seinen Trauzeugen und dem Schild des Preußischen Standesamtes Berlin-Lichtenberg Ende der 1920er-Jahre fotografieren. Stolz hält die Braut rote Rosen in der Hand. Seinerzeit trugen Frau und Mann noch Hut. An der Fassade unten links ist ein Schild, das auf die Fahrradständer im Hof hinweist.

Blick auf die runde Rückfront des Lichtenberger Rathauses im Jahr 1909. Im Erdgeschoss finden sich drei große Toreinfahrten. Ursprünglich befand sich dort das Depot der einheimischen Feuerwehr. Bis auf das Rathaus ist heute keines der Gebäude mehr vorhanden.

Ganz dem Baustil des Rathauses entsprach die 1. und 2. Gemeindeschule in der Möllendorffstraße 5. Die Aufnahme von 1916 zeigt das Gebäude, das seinerzeit als Kaserne genutzt wurde. Vorn ist ein einspänniger Pferdewagen zu sehen. Straßenbahnen fuhren während der Kriegszeit seltener. Ganz rechts im Bild in der Möllendorffstraße 4 befand sich ein Friedhof.

1908 bis 1910 errichteten die Architekten Wilhelm Grieme und Johannes Uhlig das Cecilien-Lyzeum mit Direktorenwohnhaus in der Rathausstraße. Im großen Saal fand 1917 die Trauerfeier für den Lichtenberger Kommunalpolitiker Gustav Kielblock statt. Bürgermeister Oskar Ziethen hielt die Trauerrede. Die heutige Oberschule am Rathaus büßte viel von ihrer einstigen Architektur ein.

Die Feuerwache Lichtenberg in der Rathausstraße 12, Ende der 1930er-Jahre. Regierungsbaumeister Hans Schütte entwarf das 1897/98 errichtete, viergeschossige Gebäude mit seinen vier Toren. Bemerkenswert sind der Erdgeschossbereich in Rustika-Werkstein sowie der geschwungene Giebel mit ersten Jugendstil-Anklängen. Heute wird das Gebäude von der Polizei genutzt.

Der Blick geht im Jahre 1914 von der Dotti- in die Rathausstraße, links im Bild ist die Feuerwache. Nach dem Tod Möllendorffs erwarb der Lichtenberger Bürger und Armeelieferant Dotti 1865 dessen Landhaus mit Park, das 1907 in den Besitz der Stadt Lichtenberg kam. In der Dottistraße 12–16 befindet sich auch das 1925 bis 1927 erbaute Postamt Lichtenberg 1.

Blick in die Bornitzstraße mit der neuen Siedlungsbebauung in Richtung Loeperplatz, um 1930. Vorn quert die Ruschestraße, die 1893 nach der altansässigen Lichtenberger Bauernfamilie Rusche benannt wurde. Die Gebäude hier errichteten u. a. die Wohnungsbaugesellschaft Kurfürstenstraße GmbH und die Konsumgenossenschaft Berlin und Umgegend e. GmbH.

Die Frankfurter Allee ist die Ausfallstraße von der Berliner Innenstadt in Richtung Frankfurt an der Oder. Hier zu sehen die Kreuzung an der Möllendorff- und Gürtelstraße stadteinwärts mit der Ringbahnbrücke, um 1915. Sämtliche Gebäude auf der rechten Straßenseite, auch auf Friedrichshainer Seite, sind nicht mehr vorhanden. Hier befinden sich heute die Einkaufspassagen des Ringcenters I und II.

Die Aufnahme zeigt ebenfalls die Kreuzung Frankfurter Allee / Ecke Möllendorffstraße, allerdings zur Zeit der Spartakusaufstände im März 1919. Sogar eine umgeworfene und zerlegte Litfaß-Säule wurde als Straßenbarrikade eingesetzt.

Mit Sonne und Adler verziert war der Erker des Hauses Frankfurter Chaussee 41 (heute Frankfurter Allee) unweit der heutigen Buchberger Straße, hier in einer Aufnahme von 1907. In dieser Straße befanden sich seinerzeit die Geschäfte des Sattlermeisters Johann Mazikowski, des Bäckermeisters Johann Schoch und die Buchdruckerei von Wilhelm Lehmann. Das Gebäude ist nicht mehr vorhanden.

Der Schlossermeister Heinrich Ferdinand Eckert eröffnete um 1870 seine Landmaschinenfabrik an der Frankfurter Allee / Ecke Eckertstraße (seit 1933 Buchberger Straße), die hier im Jahre 1913 zu sehen ist. Bekannt wurde Eckert durch den Pflugbau. Auf dem Eckgrundstück (unten links) befand sich seinerzeit die Kohlehandlung von August Schlothauer.

Einst hieß die Frankfurter Allee in Lichtenberg noch Frankfurter Chaussee. Aus dieser Zeit um 1905 stammt die Ansicht mit den Häusern an der Magdalenenstraße. Im linken Eckhaus war ursprünglich ein Kolonialwarenladen, später befand sich dort lange Zeit die Magdalenen-Apotheke. Die vom Fassadenstuck befreiten Gebäude sind heute größtenteils noch vorhanden.

Nach einem starken Wolkenbruch entstand dieses Foto in den 1930er-Jahren. Es zeigt die Frankfurter Allee mit dem U-Bahn-Eingang an der Magdalenenstraße. Sämtliche Gebäude auf der rechten Straßenseite sind nicht mehr vorhanden. Auch links hinter der Alfredstraße ist wenig erhalten geblieben. Eine Straßenbahn fährt hier nicht mehr.

Im Haus Frankfurter Allee 261 befanden sich in der ersten Etage und im Hof die Bauklempnerei und der Installationsbetrieb des Klempnermeisters Hermann Kanz. Die Beschmückung des Hauses, das Karl Funk 1938 fotografierte, erfolgte im „Stil" der Zeit. Im Erdgeschoss befanden sich die Läden des Uhrmachers Max Spitzhofer sowie eine Eis-Konditorei mit Café.

Die 7. Gemeindeschule in der Bürger-heimstraße 6–10 wurde 1910/11 vom Architekten Johannes Uhlig errichtet. Am Bürgersteig vor der Schule ist gut zu sehen, wie das Gelände von der Frank-furter Allee auf den Barnim-Höhenzug ansteigt. Die Aufnahme stammt aus dem Jahre 1913.

25

Nachdem die evangelische Gemeinde Lichtenberg um 1900 auf 48.000 Seelen gestiegen war, kam es in den Jahren 1903 bis 1905 zum Bau der Glaubenskirche nach Plänen von Ludwig von Thiedemann und Robert Leibnitz. Die zweischiffige Hallenkirche mit ihren 62 Meter hohen Doppeltürmen wurde im romanischen und gotischen Baustil-Mix errichtet. 1998 übernahm die koptische Kirche den Bau, der heute St. Antonius und St. Shenouda heißt.

Blick von der Schottstraße auf den Wagnerplatz (heute Roedeliusplatz), um 1930. Links befindet sich das 1927/28 errichtete Gemeindehaus der Glaubenskirche nach Entwürfen von Claus und Schepke. Benannt wurde die Straße nach dem Wachstuchfabrikanten Johann Martin Schott (1812–1889), der Dorfschulze bzw. Gemeindevorsteher in Lichtenberg war.

Die Architekten Paul Thoemer und Rudolf Mönnich errichteten von 1903 bis 1906 in Anlehnung an westfälische Barockbauten das Amtsgericht Lichtenberg mit Gefängnis. Die Baukosten betrugen 918.000 Mark. Am 13. Februar 1935 wurde der Vorplatz in Roedeliusplatz umbenannt. Wilhelm-Albert Roedelius war ab 1874 erster Vorsteher des neuen Amtsbezirks Lichtenberg. Ansicht von 1911.

Das Hubertus-Krankenhaus zwischen Hubertus- und Siegfriedstraße wurde nach Plänen von Johannes Uhlig errichtet und am 26. Oktober 1914 eröffnet. Hier zu sehen der Haupteingang mit dem Verwaltungsgebäude und dem Hauptportal, links eines der drei Isoliergebäude. Die Anlage erhielt 1933 zu Ehren des langjährigen Lichtenberger Bürgermeisters den Namen Oskar-Ziethen-Krankenhaus. Foto von 1957.

An der Rückfront des Verwaltungsgebäudes befand sich die gynäkologische Abteilung in einem eigens dafür errichteten Bau. Auf dem Krankenhausgelände sind auch die medizinische- und die chirurgische Abteilung, das Leichenhaus und das pathologische Institut sowie Wirtschaftsgebäude und ein Kesselhaus untergebracht. Bild von 1930.

In diesem Konferenzzimmer trafen sich die Ärzte zum Informationsaustausch und zu Beratungen. Die Aufnahme um 1910 zeigt das prunkvolle Ambiente. Die Räumlichkeit war bereits mit elektrischen Deckenleuchten mit Jugendstilelementen ausgestattet.

Getreu dem Motto „Volksgesundheit und Ertüchtigung" errichteten die Architekten Rudolf Gleye und Otto Weiß in den Jahren 1925 bis 1928 das städtische Volksbad Lichtenberg. Das Bad im Stil der Neuen Sachlichkeit vereint kubistische und expressionistische Architekturelemente. Hier zu sehen die Männerschwimmhalle Anfang der 1930er-Jahre.

Das Bad wird von den Lichtenbergern liebevoll Hubertusbad genannt, da es an der Hubertusstraße / Ecke Atzpodienstraße liegt. Auch die Frauenschwimmhalle hatte täglich von 8 bis 20 Uhr geöffnet, die Medizinische Abteilung begann erst um 10 Uhr. Seit 1991 ist das denkmalgeschützte Bad geschlossen und wartet auf eine Neubelebung.

Blick von der Gudrunstraße auf das Restaurant „Zur Wartburg" in der Frankfurter Allee. Die Lokalität mit ihrem typischen Rundturm hatte auch eine idyllische Terrasse zur Bahn hin. Heute befindet sich dort ein Fußgängerzugang zur neuen Lichtenberger Brücke. Im linken Gebäudekomplex befand sich auch das Kaufhaus Lichtenberg. Die Aufnahme entstand um 1915.

Bis auf das Empfangsgebäude des Bahnhofs Lichtenberg (links) sind fast alle Bauten der Ansicht von 1917 noch heute vorhanden. Der Abriss der alten Lichtenberger Brücke erfolgte nach der Einweihung der neuen und mit 42 Metern wesentlich breiteren Brücke Ende der 1970er-Jahre. Die neue Brücke befindet sich jetzt links neben dem noch heute vorhandenen Stellwerkhäuschen. Die alte Frankfurter Allee führt seitdem direkt in die Gudrunstraße.

Der an der Ostbahn gelegene Bahnhof Lichtenberg-Friedrichsfelde wurde 1881 eröffnet. Die Umbenennung in Lichtenberg erfolgte am 15. Mai 1938. Die Aufnahme zeigt das alte Empfangsgebäude an der Frankfurter Allee nahe der alten Lichtenberger Brücke im Jahre 1956. Eine breite Treppe führt hinunter zum Personentunnel sowie zur Weitling- und Irenenstraße.

Als der Hauptbahnhof (heute wieder Ostbahnhof) umfangreich umgebaut werden sollte, entschied man sich, den gesamten Verkehr auf den Bahnhof Lichtenberg zu konzentrieren. Hier entstand an der Weitlingstraße nach Entwürfen von Horst Schubert 1980 bis 1982 ein neues Empfangsgebäude mit einem acht Meter breiten Personentunnel, der sämtliche Gleise der S- und Fernbahn verbindet. Das Foto entstand kurz nach der Eröffnung.

Blick vom Empfangsgebäude des Bahnhofs Lichtenberg auf den davor liegenden einstigen Wilhelm-platz im Jahre 1915. Im Hintergrund ist das Haus Wilhelmstraße (heute Weitlingstraße) / Ecke Irenenstraße zu sehen. Seinerzeit befanden sich dort die Hubertus-Drogerie von O. Reichan, der Zigarettenladen von G. Zachow und das Eisenwarengeschäft von Richard Sprengel.

Blick in die Margaretenstraße in Richtung Rangier- und Güterbahnhof Lichtenberg-Friedrichs-felde und die Schornsteine der Eckert-Werke im Jahre 1914. Im September 1946 sollte sie in Sonneberger Straße, nach der Stadt in Thüringen, umbenannt werden, was letztendlich nicht geschah. Die Gebäude wurden hier bereits ab 1890 errichtet.

Fleischermeister Carl Pfannenschmidt hatte in der Wilhelmstraße 6a / Ecke Margaretenstraße sein Schlacht- und Wurstwarengeschäft. Die Wilhelmstraße erhielt 1890 ihren Namen. Viele Lichtenberger Straßen wurden nach weiblichen und männlichen Vornamen benannt. Das Foto entstand im Winter 1913.

Blick in die Wilhelmstraße, die am 11. Mai 1938 in Weitlingstraße umbenannt wurde. Namensgeber war der Lichtenberger Schulmeister Johann Ludwig Weitling, der auch Maulbeerbäume zur Seidenraupenzucht anbaute. Im linken Eckhaus befand sich 1937 ebenfalls noch eine Fleischerei. Rechts am Kino „Kammerspiele" ist Werbung für den aktuellen Film „Heidi" mit Shirley Temple zu sehen.

Anfang der 1930er-Jahre entstand dieses Foto von der Ruprechtstraße in die Maximilianstraße. Hinter der Augustastraße (heute Münsterlandstraße) befand sich seinerzeit ein Straßenwochenmarkt. Ursprünglich sollte die Maximilianstraße 1946 nach einem Berliner Rechtswissenschaftler in Hermann-Heller-Straße umbenannt werden.

Die Straßen um den Augustaplatz wurden um 1890 angelegt und bis 1915 bebaut. Der 1905 nach der deutschen Kaiserin benannte Platz ist gärtnerisch wunderschön gestaltet. Sowohl die Augustastraße als auch der gleichnamige Platz erfuhren am 10. Mai 1951 eine Umbenennung nach dem Münsterland, einer Landschaft in Nordrhein-Westfalen.

Nach Entwürfen des Architekten Paul Rudolf Henning entstand in der Metastraße 2/30 eine Wohnanlage der Gemeinnützigen Baugesellschaft Berlin-Ost mbH, die 1931 fertiggestellt wurde. Zu sehen ist die querende Margaretenstraße im Jahre 1939. Der weibliche Vorname Meta ist die Kurzform von Margarete und bedeutet (aus dem Lateinischen übersetzt) Perle.

Auf der Frankfurter Allee fährt im Jahre 1928 eine Straßenbahn der Linie 69 in Richtung Friedenau bis zur Endhaltestelle Südwestkorso. Kurz bevor sie die Gleise der Ostbahn überquert, kommt sie hier an der Skandinavischen Straße vorbei. Sämtliche Gebäude sind heute noch vorhanden.

Blick von der Skandinavischen Straße über die Ostbahn zur Gudrunstraße mit der einmündenden Wagner- (heute Fanningerstraße) und Gernotstraße im Jahre 1914. Entlang der mittig verlaufenden Gernotstraße schweift der Blick über die Felder in Richtung des Dorfes Hohenschönhausen. Die Gernotstraße wurde nach dem König der Burgunder im Nibelungenlied benannt.

Eine der wichtigsten Nord–Süd-Verbindungen Lichtenbergs ist die Siegfriedstraße, hier 1963 von der Frankfurter Allee aus gesehen. Links im Bild die einstige 6. Gemeindeschule. Benannt wurde die Straße nach dem germanischen und nordischen Sagenheld Siegfried, der, auch als Sigurd bezeichnet, im Mittelpunkt der Nibelungensage steht. Richard Wagner begann mit der Arbeit am Textbuch zu seiner Tetralogie „Der Ring des Nibelungen" bereits 1848.

Schön gestaltet ist die runde Sitzbank unter einem Pilzhelm in der Parkanlage auf dem Freia-platz, um 1930. Der Platz wurde um 1910 angelegt und bebaut. Freia (ursprünglich Freya) war die gemeinsame Göttin der Nord- und Südgermanen, vermählt mit Wotan und Spenderin des ehelichen Segens. Nach ihr wurde der fünfte Wochentag (Freitag) benannt.

Als seinerzeit größter Straßenbahnhof der Welt wurde 1913 der Betriebshof 24 auf einem 4,2 Hektar großen Areal in der Siegfriedstraße errichtet. Im heutigen Großbezirk Lichtenberg befindet sich ein Großteil des bestehenden Straßenbahnnetzes Berlins. Hinter den imposanten Wagenhallen ist das Krankenhaus Lindenhof zu sehen.

Blick in die Halle des Straßenbahnhofes Lichtenberg. Auf 26 überdachten Gleisen mit rund 5,5 Kilometern Länge konnten in der 200 Meter langen und 100 Meter breiten Halle über 500 Wagen untergebracht werden. Auch Gruben sind vorhanden, um die Straßenbahnwagen von unten instand zu halten.

Die Fliegeraufnahme von 1922 entstand aus 60 Meter Höhe und zeigt vorn das Lichtenberger Stadion an der nördlichen Siegfriedstraße. Darüber in der Grünanlage sind die Gebäude des evangelischen Krankenhauses „Königin Elisabeth Herzberge" zu sehen.

Die Gebäude des evangelischen Krankenhauses „Königin Elisabeth Herzberge" für Neurologie und Psychiatrie, einst Irrenanstalt Herzberge genannt, wurden nach Plänen des Architekten Hermann Blankenstein, einschließlich Kuhstall und Pförtnerhäuschen, in den Jahren 1898 bis 1893 errichtet und bereits 1910 erweitert. Diese Aufnahme entstand im Jahre 1912.

Das Foto vom August 1956 zeigt vorn den Magerviehhof Friedrichsfelde in der Herzbergstraße. Dahinter ist das Verwaltungsgebäude der Konsumgenossenschaft zu sehen. Alles befindet sich auf dem Gelände des 1783 gegründeten Ritterguts, das ein Jahr später ein größeres Gutshaus erhielt. Im April 1900 wurde das 300 Hektar große Terrain Teil der Gemeinde Lichtenberg.

Die 1902 gegründete Konsumgenossenschaft Berlin und Umgegend e. GmbH (KGB) erwarb ab 1910 Grundstücke des Rittergutes und errichtete Produktions- und Verwaltungsgebäude sowie Mietshäuser für die Beschäftigten in der heutigen Josef-Orlopp-Straße 34–36. Ziel war es, die Stadt mit frischen Lebensmitteln zu versorgen. Auf den Betriebsgeländen waren zeitweise mehrere hundert Beschäftigte tätig. Die Überschüsse aus den Verkäufen nach Abzug aller Kosten gingen an die Genossen. Hier zu sehen das Zentrallagergebäude, 1913.

Viele der Gebäude der Konsumgenossenschaft stammen vom Architekten Leberecht P. Ehricht, der auch nach 1913 weitere Aus- und Umbauten vornahm. Im Bild sind einige der einst 47 schmiedeeisernen Doppelauszugsöfen der Bäckerei zu sehen, die 1913 fertiggestellt wurden und täglich 100.000 Brote produzierten. In ganz Berlin gab es Verkaufsstellen der KGB. Die Genossenschaft warb damit, dass die Mitglieder durch Erwerb von weiteren Hausanteilsscheinen die Eigenproduktion fördern und somit ihren Arbeitsplatz sichern sollten.

Die Konsumgenossenschaft ließ auch Wohnhäuser für Mitglieder errichten. Nach und nach entstanden Gebäude mit großzügigen Wohnungsgrundrissen. Hier zu sehen ein Mittelhaus mit opulenter Kuppel, üppigem Fassadenschmuck, ausgebauten Dachgeschossen und einem mit Ziergittern eingefassten Vorgarten.

Zur Vermeidung von Krankheiten ist hygienisch einwandfreies Trinkwasser sehr wichtig. Der Direktor der Berliner Wasserwerke Henry Gill projektierte um 1880 eine dritte Wasserversorgungsanlage vom Müggelsee bei Friedrichshagen in die 22 Kilometer entfernte Berliner Innenstadt. Um das Wasser dahin zu befördern, ging 1893 das dampfbetriebene Zwischenpumpwerk Lichtenberg an der Landsberger Allee ans Netz. Pförtnerhaus mit dem prächtigen Eingangstor, um 1910.

Eine der ältesten Ansichtskarten von Wilhelmsberg aus dem Jahr 1898. Hier gab es nicht nur Arbeiterwohnungen, auch Gewerbe siedelte sich an, bspw. die kleine Buchdruckerei von M. Steffen (Bild unten links) in der Hohenschönhauser Straße 4. Die Familie Steffen gehörte zu den ersten Siedlern der Kolonie Wilhelmsberg, nach der auch eine Straße benannt wurde. Durch den Bau des Sportforums Hohenschönhausen in den 1950er-Jahren entfiel die Steffenstraße.

Das größte Lokal in der Kolonie Wilhelmsberg eröffnete bereits vor 1890 in der Hohenschönhauser Straße 26–27 (später 58–59). Um 1900 übernahm G. Trinkaus den Ausschank mit Ballsaal und Kegelbahnen. Um 1920 entwickelte der neue Besitzer Paul Chlupke hier das „Gesellschaftshaus Wilhelmsberg", das auch Vereinslokal vieler Sportvereine war. Für den Bau des Sportforums wurde es abgerissen.

2
Friedrichsberg

An der östlichen Ringbahn gab es ab 1. Mai 1872 den Haltepunkt Friedrichsberg. Das noch heute erhaltene Empfangsgebäude wurde 1890 vom Regierungsbaumeister Bordekow errichtet. Die Umbenennung des Bahnhofes in Frankfurter Allee erfolgte 1897. Hier zu sehen der Bahnsteig in einer sehr seltenen Aufnahme von 1917.

Als Erinnerung an die Kommunion hat sich dieses Mädchen im Engelskostüm und mit Kerze und Bibel in den Händen im Atelier von Adolf Haynn in der Frankfurter Allee 197 ablichten lassen.

Der Schulbetrieb an der um 1900 errichteten Gemeindeschule in der Scharnweberstraße 19 wurde 1999 eingestellt. Von 1924 bis 1934 wirkte hier Clara Grunwald (Jahrgang 1877) als Gründerin und Pädagogin im Montessori-Volkskinderhaus. Im April 1943 wurde sie zusammen mit den ihr anvertrauten jüdischen Kindern mit dem 37. Osttransport in das KZ Auschwitz-Birkenau deportiert.

Dieses Kabinettfoto zeigt einen stolzen Reiter mit Pferd und Peitsche, der auf einem gedrechselten Gründerzeitstuhl mit Korbgeflecht steht. Es entstand im Atelier des Fotografen Emil Beß in der Kreutziger Straße 14–15 nahe Boxhagener Straße, um 1908. Zu Ehren des Bauerngrundbesitzers Julius Ludwig Kreutziger (1826–1876) erhielt die Straße 1876 dessen Namen.

Die Friedrich-Karl-Straße (seit 1951 Colbestraße) in Friedrichsberg wurde um 1875 angelegt und bebaut. Zu sehen ist der Straßenzug vom Wismarplatz in Richtung Frankfurter Allee Mitte der 1920er-Jahre. Auf dem unbebauten Grundstück Friedrich-Karl-Straße 18 (rechts) befand sich seinerzeit der Kohlenplatz von Emil Jensch.

Der Frankenhof, einst in der Frankfurter Allee / Ecke Finowstraße gelegen, kurz nach der Errichtung im Jahre 1906. Die Wohnungsgrundrisse schuf der Architekt und damalige Eigentümer A. Berger, bei der Fassadengestaltung war Hans Liepe federführend. Im Haus befanden sich Geschäfte des Pankower Zigarettenproduzenten Paul Juhl, der Singer & Co. Nähmaschinen AG und der Weinhandlung Hugo Behling.

Blick von der Weserstraße in die Finowstraße, um 1910. Im Hintergrund erkennt man den Straßenknick zur Frankfurter Allee. Die Straße wurde am 13. September 1905 nach der Finow, einem linken Nebenfluss der Oder, benannt. Die Ansichtskarte entstand im Verlag von Carl Menze in der Boxhagener Sonntagstraße 11.

Die Kronprinzenstraße wurde bereits um 1900 angelegt und teils mit einfachen Mietshäusern ohne Balkon bebaut. Am 24. Mai 1951 erhielt sie zu Ehren des Theaterregisseurs Leopold Jessner (1878–1945) dessen Namen. Von der Scharnweberstraße schweift der Blick in Richtung Süden. 1915 befand sich im linken Eckhaus die Schankwirtschaft Bergschloss.

Blick vom Traveplatz in die Kronprinzenstraße (heute Jessnerstraße), 1918. Links befindet sich die 1902/03 in der Straßenfront errichtete 3. und 4. Gemeindeschule Lichtenbergs (heute Grundschule am Traveplatz). Die viergeschossige Zweiflügelanlage wurde 1951 erweitert. Gegenüber der Schule befand sich seinerzeit die Schwesternstation der evangelischen Verheißungsgemeinde.

Im Jahre 1928 entstand dieses Foto von der Ladenzeile des Hauses Kronprinzenstraße 48 (heute Jessnerstraße) unweit der Scharnweberstraße. Stolz präsentierten sich der Kartoffelverkäufer Karl Schillak, der Klempnermeister Paul Dietrich und der Valvo-Röhren- und Radioverkäufer A. Kippenhahn. Interessant ist auch das Motorrad rechts auf dem Bild.

Die Weichselstraße erhielt am 13. September 1905 nach dem Hauptstrom Polens ihren Namen. Vereinzelt sieht man den Fahnenschmuck Preußens. Vor der Drogerie in der Nummer 21 (links unten) / Ecke Weserstraße stehen vier Arbeiter mit einem dreibeinigen Gestänge zum Heben von Material aus einem Kanalschacht.

Blick vom Eckhaus Frankfurter Allee / Ecke Kronprinzenstraße (heute Jessnerstraße) auf die Ringbahnbrücke, anno 1917. Hinter der Brücke liegt in nördlicher Richtung der alte Dorfkern Lichtenbergs. Sämtliche Gebäude auf der linken Straßenseite sind nicht mehr vorhanden. Dort befindet sich heute die Einkaufsmeile Ringcenter I auf Friedrichshainer und das Ringcenter II auf Lichtenberger Terrain.

Diese lithografische Ansichtskarte stammt aus dem Jahre 1901. An der Frankfurter Allee / Ecke Gürtelstraße in Friedrichsberg jenseits der Ringbahn befand sich einst das Hotel „Schwarzer Adler". Inhaber war seinerzeit E. Höflich. Unten abgebildet ist das vollbesetzte Gartenrestaurant, vermutlich an einem Sonntag, und rechts sieht man das Kaiser-Friedrich-Denkmal.

Inhaber des hier zu sehenden Gasthauses „Schwarzer Adler" waren im Jahre 1905 die Gebrüder Arnhold. Auf dem Portal zu Konzertgarten und Ballsalon befindet sich eine Adlerfigur. Im Ballsaal wurde 1914 ein Kino etabliert, das nach Erweiterung (unter Regie von Fritz Wilms) als Kino „Schwarzer Adler" 1929 mit 500 Plätzen eröffnet werden konnte. Auf einer angestrahlten Stele befand sich eine moderne Adlerskulptur. Das Kino wurde 1943 zerstört.

Der Hochzeitssaal im Etablissement „Schwarzer Adler" in einer Aufnahme von 1905. Die Gebrüder Arnhold richteten hier auch große Feierlichkeiten aus. An einer reich dekorierten Tafel konnten das Brautpaar und die Gäste Platz nehmen. Elektrisches Licht von einem Jugendstillüster erhellte den Saal zu jeder Tageszeit.

Der Magistrat

Berlin-Lichtenberg, Datum des Poststempels.

Sie haben am .... 23. März 1915 **vormittags 7 ½ Uhr** hierselbst **Frankfurter Allee 99/100, im Restaurant „Schwarzer Adler", zur Musterung des Landsturms** zu erscheinen.

Diese Vorladung und die Militärpapiere sind mitzubringen.

Nicht pünktliches Erscheinen am genannten Tage wird nach den bestehenden Gesetzen bestraft.

Im Auftrage:

Dr. Maretzky.

Mit dieser Postkarte wurde der Landsturmpflichtige Karl Kusch, wohnhaft am Traveplatz 3 in Lichtenberg-Friedrichsberg, in der Heeressache Ldst. R. 1882/13 zur Musterung am 23. März 1915 verpflichtend eingeladen. Bei Nichterscheinen nutzte man alle gesetzlichen Möglichkeiten.

Südlich des S-Bahnhofes Frankfurter Allee befindet sich heute, umringt von den 1969 bis 1975 errichteten Plattenbauten und ihre Schönheit beeinträchtigend, die St. Mauritiuskirche. Zunächst als kleine katholische Kirche im neogotischen Stil mit roten Backsteinen von Max Hasak errichtet, weihte Pfarrer Nicolaus Kuborn sie am 22. September 1892 ein. Daneben entstand ein zweigeschossiges Pfarrhaus.

Aufgrund der wachsenden Gemeinde wurde die St. Mauritiuskirche bereits 1905/06 von Max Hasak vergrößert und mit einem 50 Meter hohen, achteckigen Turm versehen. Die im Chor befindlichen Fenster mit den figürlichen Glasmalereien stammen von Victor Johann von der Forst und wurden 1892 eingesetzt. Prächtig sind auch der Altar und die Innenausmalungen.

Am 14. September 1924 wurden die beiden neuen Glocken, „die nur dem Frieden dienen sollen", geweiht. Fotograf Karl Funke, der seinerzeit ein Atelier in der Frankfurter Allee 114 betrieb, hat die Zeremonie vor der St. Mauritiuskirche im Bild festgehalten.

3

Boxhagen-Rummelsburg

Südlich des Wismarplatzes befand sich einst an der Gryphiusstraße das Vorwerk Boxhagen, das als erste Ansiedlung galt. Am 5. September 1903 wurde der Platz nach der mecklenburgischen Stadt an der Ostsee benannt. Vorn unten rechts zu sehen die Boxhagener Straße und die einmündende Weserstraße (ganz rechts am mittleren Bildrand). Rechts geht die Friedrich-Karl-Straße (seit 1951 Colbestraße) ab. Bild von 1931.

Die Kaufleute Charlotte und Ludwig Kondor verkauften in ihrem Laden in der Boxhagener Straße 19–20 nahe Holteistraße Lebensmittel der bekannten Firma Aschinger. Das Foto mit dem Ehepaar entstand um 1920. In den 1930er-Jahren übernahm der Sohn Louis das Geschäft.

Um 1900 wurde der Boxhagener Platz mit seinen breiten Außenwegen angelegt. Die Einweihung mit einem Wochenmarkt fand fünf Jahre später statt. In dieser Zeit errichtete man auch die umstehenden Mietshäuser. Hier zu sehen die Platzecke an Gärtnerstraße und Grünberger Straße. Stadtgartendirektor Erwin Barth schuf hier 1929 eine blumengeschmückte Gartenanlage mit Kinderspielplatz und Planschbecken.

Beim Spiel im Sandkasten auf dem Boxhagener Platz (an der Grünberger Straße) entstand dieses Foto im Jahre 1925. Zwei Mütter mit ihren drei Kindern und Hund wurden abgelichtet. Eimer und Schippe durften auf dem Bild nicht fehlen.

Die Aufnahme des repräsentativen Eckhauses mit Kuppel entstand im Jahre 1920. Der Fotograf stand mit seiner Kamera an der Ecke zur Lenbachstraße. Links verläuft die Wühlischstraße, rechts schweift der Blick in die heutige Boxhagener Straße, die seinerzeit noch Alt-Boxhagen hieß.

Architekt Wilhelm Frydag entwarf die katholische Dreifaltigkeitskirche an der Böcklinstraße 7–8 mit ihrem 32 Meter hohen Turm und dem pfarreigenen Wohnhaus im neoromanischen Stil, die im Jahr 1915 geweiht wurde. 1907 benannte man die Straße nach dem Schweizer Maler und Bildhauer Arnold Böcklin (1827–1901).

Die Lenbachstraße wurde um 1902 angelegt und sofort bebaut. Benannt hat man sie nach dem bayerischen Maler Franz Ritter von Lenbach (1836–1904). Hier zu sehen die Ecke zur Sonntagstraße mit Blick zur Boxhagener Straße im Jahre 1913. Im linken Eckhaus befand sich seinerzeit die Drogerie von Georg Berger, rechts im Bild ist die Lenbach-Apotheke.

Blick vom Bahnhof auf die Sonntagstraße (links) und die Neue Bahnhofstraße im Jahre 1909. An der Ecke befand sich seinerzeit die Groß-Destillation Schneider & Co. Die Inhaber der Weinhandlung in der Neuen Bahnhofstraße 37 waren ebenfalls Schneider & Co. Im Zweiten Weltkrieg zerstört, wurde die Ecke erst vor wenigen Jahren neu bebaut.

Die Eröffnung des Bahnhofes Stralau-Rummelsburg (seit 1933 Ostkreuz) fand am 7. Februar 1882 statt. In mehreren Bauabschnitten wurde er immer wieder erweitert. Mit mehr als 100.000 täglich umsteigenden Fahrgästen ist er der am stärksten frequentierte S-Bahnhof Berlins. In der Bildmitte zu sehen ist der 50 Meter hohe Wasserturm mit einem Fassungsvermögen von 400 Kubikmetern zur Versorgung der Dampflokomotiven, den Karl Cornelius 1909 bis 1912 erbaute.

Der Rummelsburger See ist eine Spreebucht mit einer Größe von 39,7 Hektar. An der nördlichen Seite befand sich ursprünglich die Siedlung Rummelsburg. Rings um den See entstanden während der Industrialisierung zahlreiche Gewerbebetriebe, die das Wasser und die Schiffbarkeit des Sees nutzten. Blick hinüber nach Stralau, um 1920.

Auf der nördlichen Seite des Rummelsburger Sees befand sich an der Hauptstraße 2 das „Café Bellevue". Die großzügige Gartenanlage und die Festsäle machten den Restaurationsbetrieb zu einem der größten in Rummelsburg. Das Bild entstand 1910. Inhaber war seinerzeit Gustav Tempel.

Als Erweiterung des Stammwerkes der Knorr-Bremse in der Boxhagener Neuen Bahnhofstraße wurde nach Plänen des Architekten Alfred Grenander 1922 bis 1927 in der Rummelsburger Hirschberger Straße ein ausgedehnter Fabrikkomplex errichtet. Beide Werke waren durch einen Tunnel unter der Ringbahn verbunden. Georg Knorr erlangte Bekanntheit durch die Erfindung der Druckluft-Eisenbahnbremse. Ansicht des Werkes um 1985.

Klassenfoto vom Fotografen Werner Bibeljé aus der Pfarrstraße 134. Es entstand im Hof der 1906 bis 1908 nach Plänen des Architekten Riegel an der Marktstraße errichteten Gemeinde-schule mit Turnhalle. Heute befindet sich hier ein Standort der Fachhochschule für Technik und Wirtschaft Berlin.

Für die Freiwillige Feuerwehr Rummelsburg errichtete man 1907 in der Marktstraße 13 einen dreigeschossigen roten Ziegelbau im gotischen Stil. Von 1923 bis 1975 diente das Gebäude der Berufsfeuerwache. Die fünf Tore der Feuerwache sind gänzlich zur einstigen Viktoriastadt (Richtung Lichtenberg) ausgerichtet. Für Einsätze ins Berliner Stadtgebiet musste ein Wendemanöver der Fahrzeuge von über 90 Grad erfolgen.

An der Marktstraße 2–3 / Ecke Schreiberhauer Straße errichteten die Architekten Arthur Müller und Conrad Stumm in den Jahren 1906/07 das Jahn-Realgymnasium. Gegenüber der Schule befand sich der Marktplatz für den Handel mit Gänsen und Schweinen, bis er wegen der Eröffnung des Magerviehhofes Friedrichsfelde im Jahre 1903 schloss.

Blick im Jahre 1919 von der Schillerstraße (heute Pfarrstraße) in die Marktstraße mit der Feuer-wache im Hintergrund. Im Eckhaus Marktstraße 1 befand sich die Eisenwarenhandlung der Reiner & Griesert GmbH, die Geschäftsführer Hermann Kretschmann seinerzeit leitete. Bis auf den Dachaufbau ist das Wohngebäude erhalten.

Die vor 1877 nach dem Dichter und Lyriker Friedrich von Schiller benannte Schillerstraße wurde am 11. Mai 1938 in die Pfarrstraße mit einbezogen. Den nördlichen Teil benannte man bereits um 1885 ihrer Lage wegen zum Pfarrland. Diese Ansicht von der Markt- und Türrschmidtstraße aus entstand um 1925. Einige der Gebäude sind noch erhalten und wurden um 2005 liebevoll saniert.

Für die Landgemeinde Boxhagen-Rummelsburg wurde ab 1900 das spätere Stadthaus errichtet. Der Architekt und Zimmermeister Rudolf Goltsch fügte das repräsentative Rathaus in der Türrschmidtstraße 25 in eine schon vorhandene Häuserzeile. Der Amts- und Gemeindevorsteher Adolph Schlicht weihte es am 22. März 1901 ein. Die Aufnahme mit der Straßenbahnlinie 78 (unterwegs Richtung Endhaltestelle Lückstraße) entstand 1910.

Nach Hochlegung der Bahnlinie im Jahre 1902 verlängerte man die Passage hinter der Archibaldstraße. Dadurch musste die Erdgeschosszone des Rathauses umgebaut werden. Seit 1907 fahren hier auch Straßenbahnen. Die Rathausstraße trägt seit 1913 den Namen Stadthausstraße. Die Ansicht von der heutigen Nöldnerstraße aus entstand 1902.

Das am 26. Februar 1945 während eines Bombenangriffs zerstörte Rathaus erstrahlt hier um 1907, von der Türrschmidtstraße aus gesehen, noch in seiner ganzen Pracht. Der Bauingenieur Türrschmidt gründete 1872 die Berliner Cement-Bau AG und ließ in der Victoriastadt bis 1875 erstmals 60 Mietshäuser aus Gussbeton errichten. Mit dem englischen Zement ließ es sich seinerzeit günstiger und schneller bauen.

Als Mondscheinkarte wurde diese Ansicht vom Victoriaplatz (Tuchollaplatz) in Blickrichtung Türrschmidtstraße um 1900 hergestellt. Viele Passanten befanden sich zu später Stunde noch auf den Straßen. Die heutige Benennung des Platzes erfolgte nach den Lichtenberger Eheleuten Käthe und Felix Tucholla, die NS-Widerstandskämpfer in der Gruppe um Robert Uhrig waren und 1943 im Gefängnis Plötzensee hingerichtet wurden.

Dieses Kabinettfoto mit einem Jungen, der ein Buch in der Hand hält, entstand um 1910 in der Rummelsburger Filiale des Ateliers Haynn am Victoriaplatz 1 (heute Tuchollaplatz). Inhaber dort war seinerzeit Max Henning.

Auf dem Hof der Lessingstraße 33 entstand 1917 dieses Gruppenfoto von den zurückgelassenen Frauen und Kindern der Soldaten, die in den Ersten Weltkrieg gezogen waren. Die vor 1878 angelegte Straße erhielt am 11. Mai 1938 den Namen Spittastraße. Namensgeber war der Architekt und Oberbaurat Max Spitta, der in Berlin mehrere Gotteshäuser erbaute, u. a. auch die nahe gelegene Erlöserkirche.

Otto Lorenz betrieb in der Goethestraße 4 (seit 1938 Kernhofer Straße) eine Wasch- und Plättanstalt. Auf dem Foto um 1907 sieht man diverse Werbetafeln an der Fassade. Sämtliche Textilien wie Haus- und Leibwäsche, Gardinen und Decken wurden chemisch gereinigt und danach gespannt. Lorenz' Söhne Wilhelm und Herrmann übernahmen das Geschäft ab 1909.

1882 wurde der Haltepunkt „Kietz-Rummelsburg" der Niederschlesisch-Märkischen-Eisenbahn an der Schlichtallee eröffnet. Nach Hochlegung der Gleise auf einen Damm verlegte man den 1914 umbenannten Bahnhof Rummelsburg an seinen heutigen Standort. Die Ansicht zeigt das heute nicht mehr vorhandene Empfangsgebäude im Jahre 1920.

Blick von Süden in die heutige Nöldnerstraße auf den 1908 errichteten Schrotkugelturm mit seinen 38 Metern Höhe. Bis in die 1940er-Jahre diente er der Bleischmelze Juhl & Söhne zur Produktion von nahtlosen Schrotkugeln. Im freien Fall und mit genauem Durchmesser entstanden die Kugeln. Der unter Denkmalschutz stehende Turm ist das imposanteste Wahrzeichen der Victoriastadt.

Kaiserin Auguste Viktoria legte 1890 den Grundstein zur Erbauung der evangelischen Erlöserkirche nach Plänen von Max Spitta und Conrad Wilhelm Hase. Das Gotteshaus mit seinem 64 Meter hohen Turm wurde am 21. Oktober 1892 geweiht. Auf dem Foto von 1930 sieht man davor das 1890/91 von Rudolf Goltsch erbaute Pestalozzi-Lyzeum.

Die Eröffnung des Kaiserin-Auguste-Viktoria-Krankenhauses in der einstigen Prinz-Albert-Straße 42 fand am 14. März 1911 statt. Die Straße war schon vor 1878 nach dem Prinzen Albert von Sachsen-Coburg-Gotha, dem Gatten von Queen Victoria, benannt. Am 31. Juli 1947 erhielt sie ihren heutigen Namen nach dem Lichtenberger Schlosser und kommunistischen Widerstandskämpfer Erwin Nöldner, der 1944 in Brandenburg/Havel hingerichtet wurde.

Dr. Ernst Wilhelm Baader (1892–1962) gründete im Kaiserin-Auguste-Viktoria-Krankenhaus 1924 eine Abteilung für klinische Arbeitsmedizin. Der in Anlehnung an die Architektur der Bauten der Karl-Marx-Allee entstandene Neubau wurde am 24. September 1955 eröffnet. Heute befindet sich hier in der Nöldnerstraße 40–42 die Bundesanstalt für Arbeitsschutz und Arbeitsmedizin. Das Foto stammt von 1957.

Direkt am Nöldnerplatz befand sich die Deutsche Akademie für ärztliche Fortbildung, hier auf einem Foto von 1961. Diese wissenschaftliche Einrichtung, war dem DDR-Ministerium für Gesundheitswesen direkt unterstellt. Hier wurden bis 1990 u. a. Fachärzte ausgebildet, Führungskräfte im Gesundheits- und Sozialwesen qualifiziert sowie medizinische Forschung betrieben.

Blick auf den Nöldnerplatz an der Lückstraße mit einmündender Schlichtallee, anno 1931. Die neue Prinz-Albert-Straße wurde um 1910 nach dem Rentier Lück benannt, der sich durch Zuwendungen um die Entwicklung Rummelsburgs verdient gemacht hatte. Den einstigen Kietzer Weg benannte man 1901 nach dem Kaufmann sowie Amts- und Gemeindevorsteher Adolph Schlicht.

Der berühmte „Milljöh"-Maler und Fotograf Heinrich Zille erblickte am 10. Januar 1858 in Radeburg bei Dresden das Licht der Welt. Die Familie Zill, wie sie eigentlich hieß, kam um 1869 nach Berlin. In der Fischerstraße 8 erwarb sie ein Grundstück, das sie mit einem einfachen Haus bebaute. Hier verbrachte Zille seine Jugend. Später bezog er noch andere Wohnungen in der Victoriastadt bis er 1892 endgültig nach Charlottenburg übersiedelte, wo „Pinselheinrich" am 9. August 1929 starb.

Im Stil der Neuen Sachlichkeit errichtete der Architekt Max Taut in den Jahren 1929 bis 1935 an Schlichtallee und Fischerstraße auf 40.000 Quadratmetern der ehemaligen Magistratswiesen den größten Schulkomplex Deutschlands. Am heutigen Oberstufenzentrum Versorgungstechnik werden ca. 3.500 Berufsschüler unterrichtet.

Die Aula der am 29. August 1997 benannten Max-Taut-Schule wurde in den letzten Tagen des Zweiten Weltkrieges durch Brandbomben zerstört. 62 Jahre lang war sie trostlose Ruine. Unter dem Architekten Max Dudler wurde die Aula nach historischem Vorbild mit Windfang, Vestibül und Zuschauerraum für 1.100 Personen restauriert und in einem Festakt am 14. Dezember 2007 wiedereröffnet.

Nach Plänen des Architekten Gustav Holtzmann wurde 1854 bis 1859 das Städtische Friedrichs-Waisenhaus zwischen Hauptstraße und Rummelsburger See errichtet. Auf dem parkähnlichen Gelände entstanden jeweils vier Mädchen- und Knabenhäuser für 500 Waisen sowie Verwaltungs- und Versorgungseinrichtungen. Die Aufnahme zeigt die Mädchenhaus-Schule um 1900.

Das Städtische Arbeitshaus Rummelsburg an der Hauptstraße wurde 1877 bis
1879 ursprünglich als Erziehungsanstalt
nach Plänen des Stadtbaurates Hermann
Blankenstein erbaut. Dort entstanden 19
ein- bis viergeschossige Gebäude sowie
eine Kirche mit einem 37 Meter hohen
Turm. Von 1951 bis zur Schließung 1990
befand sich hier der berühmt-berüchtigte
Rummelsburger Knast.

Paul Mendelssohn Bartholdy und Carl Alexander Martius gründeten auf dem heutigen Gewerbe-
park Klingenberg eine Gesellschaft für Anilinproduktion, die sie 1873 AG für Anilinfabrika-
tion nannten. Daraus wurde 1897 das noch heute bekannte Warenzeichen Agfa. Hier gelang
Peter Schlag 1938 die Herstellung eines synthetischen Gewebes, das er Perlon nannte. Die
Luftaufnahme des Fabrikgeländes entstand um 1900.

Europas einst größtes und modernstes Kohlekraftwerk zur Stromerzeugung, erbaut von AEG-Direktor Georg Klingenberg (1870–1925) und Werner Issel, ging am 19. Dezember 1926 in Betrieb. An einem Stichkanal an der Spree und am Rangierbahnhof gelegen war der Standort gut gewählt. Im Bild das Kraftwerk Klingenberg mit seinem Bürohochhaus und vier der acht Schornsteine der Verbrennungsanlagen kurz nach der Fertigstellung.

Rudolf Gleye schuf die Städtische Flussbadeanstalt am Rummelsburger See mit mehreren Schwimmbecken und Gebäuden in den Jahren 1925 bis 1927. Ganz bewusst hatte man diesen Standort ausgewählt, denn der Kühlwasserausfluss des Kraftwerks Klingenberg (oben rechts) sorgte stets für angenehme Wärme, auch an kalten Tagen. Die Luftaufnahme entstand im August 1927.

4
Friedrichsfelde

Der Dorfkern Friedrichsfeldes mit Aue und Denkmal, anno 1908. Vor der Kirche befand sich das Kriegerdenkmal. Die einmündende Wilhelmstraße trägt seit 1976 den Namen Alfred-Kowalke-Straße. Der 1907 in Boxhagen-Rummelsburg geborene und gelernte Tischler Alfred Kowalke war Mitglied der KPD und wurde 1944 durch das NS-Regime im Zuchthaus Brandenburg/Havel hingerichtet.

Im Erdgeschoss des Mietshauses Berliner Straße 105 war das Postamt Friedrichsfelde, hier in einer Ansicht aus dem Jahre 1908. Zwischen erster und zweiter Etage befand sich der preußische Adler. Die Straße wurde 1927 in Alt-Friedrichsfelde umbenannt. Zwischen 1975 und 1992 hieß sie Straße der Befreiung. Anlass war der 30. Jahrestag der Befreiung vom Nationalsozialismus durch die Verbände der Roten Armee unter General Bersarin, die hier ins Stadtzentrum vorstießen.

Das Foto von 1957 zeigt noch die einstige Bebauung des nördlichen Dorfkerns an der Schlossstraße (heute Am Tierpark) in Richtung Alt-Friedrichsfelde. Zugunsten eines Straßentunnels trug man die Altbausubstanz größtenteils ab. Die im Hintergrund zu sehende Dorfkirche entstand 1887 bis 1890 im neoromantischen Baustil. Im Zweiten Weltkrieg schwer getroffen, wurde sie mit einfachem Turmhelm wieder aufgebaut.

Im Jahre 1902 erwarb der Pfarrer Nicolaus Kuborn von der katholischen St. Mauritiuskirche in der Kurzen Straße 4 in Friedrichsfelde ein Grundstück. Dank des Dompropstes Bernhard Lichtenberg konnten die neue Pfarrkirche „Zum Guten Hirten" und das nebenstehende Pfarrhaus errichtet werden. Kurz nach der Weihe am 9. Dezember 1906 entstand dieses Bild. Von 1982 bis 1985 baute man dort ein neues Gotteshaus.

In der Friedrichstraße (seit 1938 Massower Straße) wurde ein eingeschossiger roter Ziegelbau für die Freiwillige Feuerwehr Friedrichsfelde mit ursprünglich vier Toren im Jahr 1898 fertiggestellt. Das Foto von 1916 zeigt die stolzen Feuerwehrmänner mit einem Leiterwagen, vor den noch Pferde gespannt wurden.

Heute kaum noch wiederzuerkennen ist die Berliner Straße (heute Alt-Friedrichsfelde). Das Bild von 1911 zeigt den idyllischen Chausseecharakter der Straße. Einige der Gebäude sind noch erhalten, dahinter wurden Plattenbauten errichtet. Seit Ende der 1970er-Jahre dominiert der Autoverkehr die überbreite Ausfallstraße.

In den 1930er-Jahren entstand dieses Foto von der Frankfurter Allee / Ecke Rosenfelder Straße auf dem Terrain Alt-Lichtenbergs. Dahinter beginnt der Ortsteil Friedrichsfelde. Als Dorf Rosenfelde 1698 in den Besitz des Kurfürsten übergegangen, verkündete der einheimische Pfarrer am 25. Januar 1699 die Umbenennung in Friedrichsfelde.

Die Wohnanlage „Sonnenhof" entstand 1925 nach Plänen von Erwin Gutkind. Mit ihren 266 Wohnungen ist die dreigeschossige Randbebauung im Stil der Neuen Sachlichkeit zum begrünten Innenhof mit Balkonen ausgerichtet. An der Bietzke- und Delbrückstraße befinden sich auch Läden sowie eine Kindertagesstätte. 1972/73 wurden bei der Instandsetzung auch die Dachgeschosse ausgebaut.

Mit Metallbiegearbeiten ist hier der seinerzeit im Wedding wohnende Fritz Redemann (2.v.r.) mit seinen Kollegen auf einer Baustelle an der Rummelsburger Straße beschäftigt. Damals war es üblich, während der Arbeit Mützen zu tragen, die auch Schutz vor der Sonneneinstrahlung gewährten. Das Foto entstand im August 1929.

An einem kalten Januartag des Jahres 1931 entstand dieses Foto am U-Bahneingang Friedrichsfelde. Hier sind noch einige alte Häuser vorhanden. Um Einbecker Straße und Massower Straße wurden auch viele Plattenbauten errichtet, die über 5 Etagen hoch sind, aber keinen Aufzug haben.

Die Prinzenallee (seit 1951 Einbecker Straße) ist vermutlich die älteste Straße Lichtenbergs. Bereits 1719 ließ der Markgraf Albrecht Friedrich von Schwedt sie anlegen. Sie verband Berlin (Frankfurter Allee) mit dem Schloss Friedrichsfelde. Die Aufnahme um 1920 zeigt die Bebauung zur Caprivistraße (heute Marie-Curie-Allee).

Nach Entwürfen von Martin Wagner entstanden 1926 für eine gemeinnützige Baugesellschaft an der Friedenhorster- und Splanemannstraße die ersten Plattenbauten Deutschlands. Die Krieger- heimsiedlung wurde in zeilenartiger, zwei- bis dreigeschossiger Randbebauung mit Steildach und Balkonen mit Hilfe eines Portal-Bockkrans errichtet.

Der 1903 an der Marzahner Chaussee eröffnete Magerviehhof Friedrichsfelde diente vorwiegend als Handelszentrum für Magervieh, das für die Mast bestimmt war. Zudem wurden dort Zuchttiere, Fett- vieh, Geflügel sowie Tierprodukte gehandelt. Der seinerzeit auf freier Flur errichte Magerviehhof war funktionell in Bezug auf Handel und Hygiene gestaltet. Lediglich Notschlachtungen waren zulässig.

Zur Körperertüchtigung entstanden die Freien Turnerschaften. Hier zu sehen die Männer der Lichtenberg-Friedrichsfelder Sport-Abteilung in einer Aufnahme von 1921. Acht Jahre später nahmen sie erstmals mit anderen Berliner Turnerschaften an einem Wettbewerb teil.

Am Zentralfriedhof in Friedrichsfelde befand sich das Restaurant von Wilhelm Lange. Es war sowohl ein Bier- als auch ein Kaffeehaus. Rechts auf dem Bild von 1904 ist eine Reklametafel der Drahtzaunfabrik Paul Heinze zu sehen, die in der Berliner Köpenicker Straße 109a ihren Verkauf hatte. Produziert wurden die eisernen Drahtzäune, Pfosten und Tore in der Lichtenberger Kriemhildstraße.

Den 1881 eröffneten Berliner Gemeindefriedhof in Friedrichsfelde hatte der Stadtgartendirektor Hermann Mächtig als Parkfriedhof angelegt. Hier waren bis 1911 auch Armenbegräbnisse möglich, für die die Stadt die Kosten übernahm. Das eindrucksvolle Eingangsgebäude des Zentralfriedhofs entstand 1911 nach Plänen des Berliner Stadtbaurats Ludwig Hoffmann. Es wurde im Zweiten Weltkrieg stark beschädigt und die Ruine 1950 abgetragen. Diese Aufnahme entstand Anfang der 1930er-Jahre.

Ende Dezember 1918 gründeten Rosa Luxemburg und Karl Liebknecht die KPD. Am 15. Januar 1919 wurden sie von Freikorpssoldaten verhaftet und danach ermordet. Die Beisetzung Karl Liebknechts erfolgte im Massengrab auf dem Zentralfriedhof mit 31 Revolutionskämpfern der Spartakus-Januaraufstände. Für Rosa Luxemburg, die bis dato nicht aufgefunden war, wurde ein leerer Sarg in die Grube gelassen. Die Gedenkreden hielten Paul Levi, Louise Zietz und Rudolf Breitscheid am 25. Januar 1919.

Der Grundstein für dieses vom berühmten Architekten Ludwig Mies von der Rohe entworfene Revolutionsdenkmal wurde im Jahre 1924 gelegt. Zur feierlichen Enthüllung des aus Klinkersteinen bestehenden Denkmals am 13. Juni 1926 sprach Wilhelm Pieck. Die Nationalsozialisten beseitigten die Stätte 1935 gänzlich. 1951 wurde eine Säule mit der Aufschrift „Die Toten mahnen euch" aufgestellt. Jedes Jahr am zweiten Sonntag im Januar wird mit einer Demonstration an der Gedenkstätte der Sozialisten an die Opfer erinnert.

Das Schloss Rosenfelde (seit 1699 Schloss Friedrichfelde), hier zu sehen auf einem Foto von 1957, wurde 1695 für den niederländischen Marinedirektor Benjamin Raule, vermutlich nach Plänen von Johann Arnold Nehring, im frühklassizistischen Baustil errichtet. Peter Joseph Lenné gestaltete 1821 den Landschaftsgarten unter Einbeziehung des vorhandenen Barockparks.

Im Jahre 1954 legte Heinrich Dathe (1910–1991) im Schlosspark Friedrichsfelde mit 160 Hektar den seinerzeit weltweit flächenmäßig größten Tierpark an. Verdient machte sich der beliebte Tierparkdirektor u. a. mit der Radiosendung „Im Tierpark belauscht", im Gespräch mit Karin Rohn, die an 1.774 Sonntagen ausgestrahlt wurde. Das Foto von 1960 zeigt die Eisbärenanlage im Tierpark.

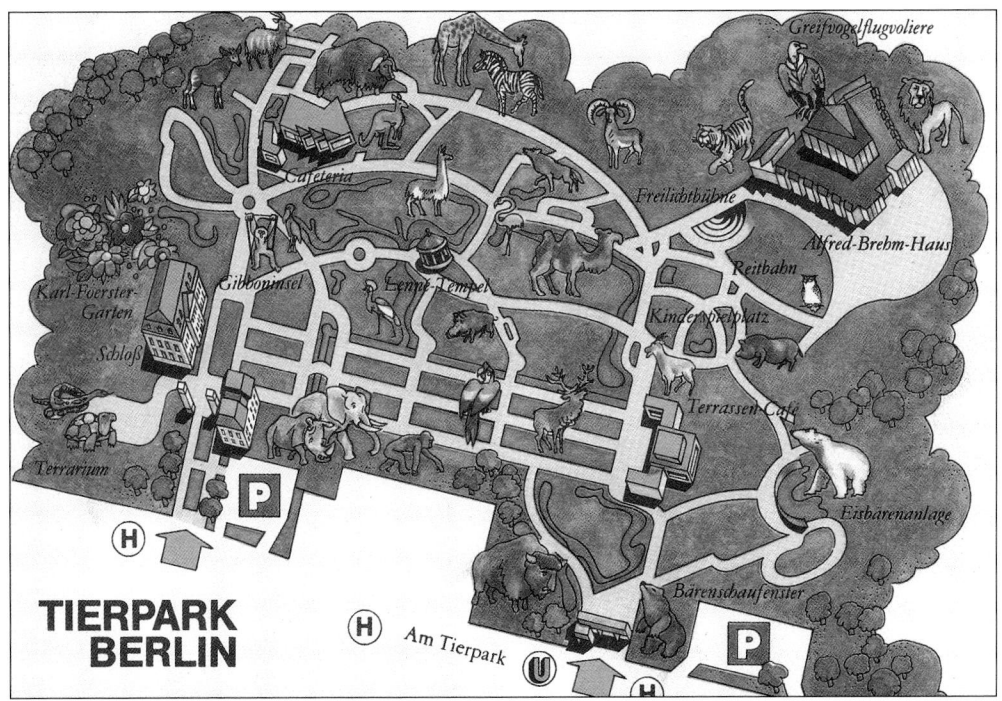

Am 2. Juli 1955 fand die Eröffnung des Tierparks Friedrichsfelde statt. Dieser Lageplan mit den Tiergruppen wurde 1978 herausgegeben. Unten sieht man die beiden Haupteingänge mit dem Braunbärengehege, das auch straßenseitig einsehbar ist. Am 25. Juni 1973 erhielt der Tierpark sogar eine direkte U-Bahnanbindung – sie war das erste U-Bahn-Teilstück, das zu DDR-Zeiten gebaut wurde.

Das Foto von 1969 zeigt die ehemalige alte Wache im Schlosspark Friedrichsfelde. Zu jener Zeit wurde das Gebäude als Verwaltungs- und Kassengebäude am Haupteingang des Tierparks Berlin genutzt.

Das nach dem Zoologen Alfred Brehm benannte Haus wurde 1963 mit einer Fläche von 5.300 Quadratmetern eröffnet. An der Planung waren Heinz Graffunder, Lothar Köhler, Günter Queck und Heinrich Dathe beteiligt. Es beherbergt eine 16 Meter hohe Tropenhalle für exotische Vögel und Reptilien. Im Flachbau befinden sich die Anlagen für Großkatzen.

Mehrere Stunden kann man auf dem ausgedehnten Tierparkgelände verbringen. Um neue Kraft zu schöpfen empfiehlt es sich, an warmen Tagen den Sommergarten der Cafeteria zu besuchen. Unter Vordach oder Sonnenschirm kann man einen schattigen Platz erhaschen. Hier zu sehen der Restaurantneubau im Jahre 1965.

An der heutigen Sewanstraße wurde auf einem Areal von 80 Hektar das Hans-Loch-Viertel für etwa 15.000 Einwohner errichtet. Nach Entwürfen des Architektenkollektivs Werner Dutschke, Gerd-Heinz Brüning, Leopold Weil, Günther Kalbus, Wolfgang Radtke und Gerhard Hoelke entstanden hier 1961 bis 1966 rund 5.000 Wohnungen. Die Grünplanung übernahm Heinz Peldszus.

Das Foto zeigt den Platz vor der Kaufhalle im Hans-Loch-Viertel im Jahre 1972. Namensgeber des neuen Viertels war der in Köln am Rhein geborene Rechtswissenschaftler Hans Loch (1898–1960), der Mitbegründer der Liberal-Demokratischen Partei Deutschlands (LDPD) im thüringischen Gotha war. Dort war er auch von 1946 bis 1948 Bürgermeister. 1949 kam Loch nach Berlin, war hier Mitglied der Volkskammer und ab 1955 Finanzminister der DDR.

Auf einem am Schlosspark Friedrichsfelde angelegten kleinen Friedhof befinden sich die Gräber der Familie von Treskow. Johann Carl Sigismund von Treskow (1787–1846) legte 1825 das Vorwerk Carlshorst an. Hier sieht man die letzte Ruhestätte des einstigen Friedrichsfelder Landrats des Kreises Niederbarnim Sigismund von Treskow (1864–1945).

5

Die Landhaus- und Villenkolonie Karlshorst

Am 27. Oktober 1891 gaben Kaiser und Kaiserin bei einer Kundgebung bekannt, dass sie die ersten drei Landhäuser in Karlshorst stiften wollten. Diese wurden in der Kaiser-Wilhelm-Straße errichtet. Um daran zu erinnern, wurde hier 1913 dieser Denkstein aufgestellt. Links ist eines jener 1894 erbauten Landhäuser, hier in der heutigen Lehndorffstraße 7, zu sehen.

Als Andenken entstand dieses Foto der Familie Hamann, wohnhaft in der Heiligenberger Straße 15 (heute 23), in den 1930er-Jahren. Besonders auffallend ist die prächtige Jugendstilfassade des Hauses mit seinen Balkonen. Typisch für Karlshorst ist auch der begrünte kleine Vorgarten.

Diese frühe Aufnahme von Adolph Josephs Konditorei und Café an der Auguste-Viktoria-Straße (Ehrlichstraße 19) / Ecke Heiligenberger Straße 16 entstand als Lichtdruck im Jahre 1900. Das Geschäft mit seinen Leckereien war beliebter Treffpunkt nicht nur für Karlshorster. Die 1897 erstmals erwähnte Auguste-Viktoria-Straße wurde 1951 zu Ehren des Mediziners Paul Ehrlich umbenannt.

1910 konnte das neue Schulhaus an der Auguste-Viktoria-Straße (heute Ehrlichstraße) mit sieben Klassen für je 96 Mädchen und Knaben bezogen werden. In der 4. Gemeindeschule Friedrichsfelde-Karlshorst führte man erstmals auch gemischte Klassen ein. Schulleiter Paul Köppler war ab 1915 Hauptlehrer. Produziert und verkauft wurde diese Ansichtskarte 1916 in der Eisenwarenhandlung von Ernst Voigt, seinerzeit Treskowallee 84.

Die Waldsiedlung Karlshorst entstand in den 1920er-Jahren nach Plänen von Peter Behrens und Rudolf Gleye. In den zweigeschossigen Gebäuden mit Gärten und kleinen Stallungen ist Platz für 500 Familien. Hier zu sehen der Hegemeisterweg / Ecke Prinz-Adalbert-Straße mit dem acht-eckigen Brunnen, der als Verkehrshindernis galt und in den 1960er-Jahren abgetragen wurde.

Im südwestlichen Teil von Karlshorst fließt der wasserreiche Bach Rohrlake, der in Höhe der Prinz-Adalbert-Straße (seit 1951 Liepnitzstraße) einen See bildete. Die Ansicht zeigt den See mit dem romantischen Eiland im Jahre 1907. Nach den Wirren des Ersten Weltkrieges wurde der See trockengelegt und zu einer Parkanlage umgestaltet. Das Quartier südlich der Bahn wird aufgrund der einstigen Straßennamen noch heute als Prinzen-Viertel bezeichnet.

Idyllisch am Wasser gelegen waren die Wohnhäuser der Rödelstraße, hier in einer Aufnahme von 1913. Die um 1900 angelegte Straße erhielt ihren Namen vom Bankier und Direktor des Rathenower Bankvereins Rödel, der einer der ersten Parzellanten in Karlshorst war.

Am Halbrund der Kaiser-Wilhelm-Straße (seit 1934 Lehndorffstraße) befand sich einst ein Empfangspavillon für Kaiser Wilhelm II., den dieser aber selten nutzte. Seit 1897 diente der hölzerne Bau einige Jahre als Ersatzkirche sowohl für die evangelische als auch für die katholische Gemeinde in Karlshorst. Umgangssprachlich wurde er als „Kaiserbahnhof" bezeichnet, obwohl er nie Bahnhofsstatus hatte. 1927 erfolgte der Abriss.

Unweit des Bahnhofes an der Ecke Treskowallee und Prinz-Heinrich-Straße (heute Wandlitzstraße) befindet sich noch heute das repräsentative Eckhaus mit seinem Vorgarten. Bei der umfassenden Sanierung im Jahre 2007 wurde leider die Kuppel nicht mehr aufgesetzt. In der Aufnahme von 1912 erkennt man im Hintergrund (rechts) noch den alten „Kaiserbahnhof".

Der Verein für Hindernisrennen verlegte 1893 seine Pferderennbahn von Westend (Ruhleben) nach Karlshorst. Am 9. Mai 1894 fand an der Treskowallee die Eröffnung statt. Zudem wurde auch der Rennbahnhof im Fachwerkstil eingeweiht. Hier zu sehen die Springreiter auf dem Parcours in Karlshorst im Jahre 1907.

Nach Entwürfen von Johannes Lange, Martin Haller und R. Jürgens entstanden ab 1893 zahlreiche Einrichtungen auf der Pferderennbahn. Dazu gehörten Tribünen, Waagegebäude und die ersten Eingangsbauten. Eine Erweiterung der Anlage erfolgte bereits 1911/12. Die Aufnahme entstand um 1915.

Der Bildhauer Willibald Fritsch schuf dieses im Beisein des Reichspräsidenten Paul von Hindenburg am 23. September 1925 feierlich enthüllte Reiterdenkmal. Es erinnert an die im Ersten Weltkrieg gefallenen 22 Berufsreiter und 139 Herrenreiter, die namentlich im Sockel genannt sind. Hier zu sehen der „Reiter von Karlshorst" im Jahre 1964.

Im Jahre 1935 wurde die Pferderennbahn zur Trabrennbahn Karlshorst umgestaltet. Dabei entstanden neue Tribünen sowie ein Eingangsgebäude mit Kassentrakt an der Treskowallee. Beauftragt mit diesem Projekt war der berühmte Architekt des Berliner Funkturms Heinrich Straumer. Auf der Fotografie ist der Vorplatz mit den Kassenschaltern und getrennten Eingängen zum Sattelplatz und zum 1. Platz zu sehen.

Seit 1872 rollten bereits Züge auf der Niederschlesisch-Märkischen Eisenbahn. Ebenerdig wurde der Bahnhof „Carlshorst" mit Seitenbahnsteigen am 1. Mai 1895 eröffnet. Seinen heutigen Namen Karlshorst erhielt er 1901. Ein Jahr danach erfolgte die Hochlegung und die Errichtung des Mittelbahnsteiges durch die Architekten Victor Moritz Waldemar Suadicani und Karl Cornelius. Diese Aufnahme entstand 1910.

Am Bahnhof Karlshorst begann am 11. Juni 1928 der elektrische S-Bahn-Betrieb. In den 1980er-Jahren wurden auch die Regional- und Fernbahngleise am Nachbarbahnsteig für das neue Eisenbahnzeitalter elektrifiziert. Hier zu sehen ein in Görlitz als VT 18 gebauter Schnellzug der Baureihe SVT 175. Die Deutsche Reichsbahn setzte diese Züge unter den Namen „Karlex" und „Vindabona" vorwiegend auf den Strecken nach Prag und Wien ein. Foto um 1982.

Die Treskowallee hieß von 1961 bis 1992 Hermann-Duncker-Straße. Geehrt wurde mit dieser Benennung der Wissenschaftler und sozialdemokratische Politiker Hermann Duncker (1874–1960), der 1918 Mitbegründer der KPD war. 1968 entstand dieses Foto mit dem Kino „Vorwärts". Der Neubau von 1929, zunächst als Capitol Karlshorst mit ca. 1.000 Sitzplätzen geführt, stammt von Heinrich Möller und wurde 1995 trotz Bürgerprotesten abgerissen.

Lithografische Ansichtskarte aus dem Jahre 1903. Zu sehen ist das einst südlich der S-Bahn gelegene Gartenrestaurant „Fürstenhaus" mit seinem repräsentativen Gebäude. In den 1920er-Jahren wurde es zum Gemeindehaus umgebaut, in den letzten Tagen des Zweiten Weltkrieges zerstört. Rechts zu sehen das Postamt Karlshorst in der Ehrenfelsstraße.

Die evangelische Kirche „Zur Frohen Botschaft" an der Weseler Straße 6 wurde 1910 geweiht. Die Architekten Peter Jürgensen und Jürgen Bachmann errichteten den Bau mit seinem typischen Turmhelm, dem Gemeindehaus und dem 55,8 Meter hohen Turm. Die ursprünglich für die Prinzessin Anna Amalia gebaute Kirchenorgel schuf Peter Migendt bereits 1753 bis 1755. Sie stand einst im Balkonzimmer des Berliner Stadtschlosses.

Parallel zur Ostbahn verläuft die 1911 nach einer Burg am Rhein bei Koblenz benannte Stolzenfelsstraße. Hier gibt es auch einen S-Bahn-Eingang. Im heute noch vorhandenen Eckhaus befand sich das Hotel und Restaurant „Kronprinz" mit Café und Festsälen. Die eingleisige Straßenbahn auf der Treskowallee ist gerade in Richtung Köpenick unterwegs. Bild von 1919.

Eng verbunden mit Karlshorst war die Köpenicker Bank Depositenkasse in der Treskowallee. Mit ihr konnte die Finanzierung zur Errichtung von Wohngebäuden gesichert werden. Schon bei der Fertigstellung des Gebäudes 1895 verfügte der „Credit-Verein zu Cöpenick" bereits über 20 Jahre Erfahrung in Beleihungsgrundsätzen bei Baugeldhypotheken. Langjähriger Direktor der Bank, von der es seit 1990 hier wieder eine Filiale gibt, war Max Gruner.

An der Treskowallee / Ecke Ehrenfelsstraße befand sich in den 1930er-Jahren das Café Treskow. Gastwirt war seinerzeit Eduard Hübner. Im Hause befand sich auch die Ullstein-Filiale Karlshorst als Verlagsbuchhandlung und als Verkaufseinrichtung von Gazetten. Wie fast überall in dieser Zeit standen Bombendenkmäler wie dieses hier auf zentralen Plätzen in Berlin.

In der Nacht vom 8. auf den 9. Mai 1945 unterschrieben die Vertreter des Oberkommandos der Wehrmacht im Auftrag von Großadmiral Karl Dönitz in der ehemaligen Pionierschule Karlshorst in der Zwieseler Straße die Kapitulationsurkunde Deutschlands. Hiermit endete der Zweite Weltkrieg. Die erst 1936/37 errichtete Kaserne diente der sowjetischen Besatzungsmacht von 1945 bis 1994. Heute befindet sich dort das Deutsch-Russische-Museum.

Das St.-Antonius-Krankenhaus in der Köpenicker Allee errichtete man von 1928 bis 1930 nach Plänen des Architekten Felix Angelo Pollack. Zu Ehren des heiligen Schutzpatrons Antonius von Padua wurde es am 13. Juni 1930 eröffnet. Nach 1945 nutzte die Rote Armee das Gelände und von 1964 bis 1990 war es Hauptsitz des Ministeriums für Land-, Forst- und Nahrungsgüterwirtschaft der DDR. Hier befinden sich seit 2001 das Seniorenstift der Marienschwestern und die katholische Hochschule für Sozialwesen.

Die erfolgreiche Schriftstellerin Hedwig Courths-Mahler (1867–1950) wohnte ab 1905 für neun Jahre in der zweiten Etage der Dönhoffstraße 11. Während ihrer Karlshorster Zeit brachte sie ihren ersten großen Fortsetzungsroman „Licht und Schatten" im „Chemnitzer Tageblatt" heraus. Weitere erfolgreiche Bücher folgten. Die Deutsche Bundespost begann ab 1975 mit der Briefmarkenserie „Frauen der deutschen Geschichte". Mit dieser Marke von 1992 wurde Courths-Mahler geehrt.

Für die Freiwillige Feuerwehr Karlshorst entstand 1905 ein großzügiger dreigeschossiger, roter Ziegelbau mit Querflügel in der Dönhoffstraße 31 (ursprünglich Bahnhofstraße). Die Feuerwache in Backsteingotik hat drei Tore. Der zum Hof angebaute Steigeturm ist integriert worden. Kurz nach Fertigstellung der Wache entstand das Bild.

Blick in die Gundelfingerstraße, anno 1912. Das heute nicht mehr vorhandene Eckhaus an der Dönhoffstraße hatte eine schön gestaltete, malerische Giebelfront. Benannt wurde die Straße 1899 nach der Burg und Stadt Gundelfingen im Landkreis Reutlingen. In der Nr. 47 wohnte in den 1920er-Jahren der österreichische Publizist und Historiker Max Beer, der dort die „Allgemeine Geschichte des Sozialismus und der sozialen Kämpfe" verfasste.

Die einstige Gemeindeschule Friedrichsfelde mit Turnhalle in der Karlshorster Gundelfinger Straße 10–12 wurde in den Jahren 1899 bis 1907 errichtet. Um 1910 entstand diese frühe Aufnahme der Hofansicht von der Treskowallee aus. Heute befinden sich in dem Gebäude Wohnungen.

Die katholische Gemeinde Karlshorst erwarb 1905 Boden in der Gundelfinger Straße. Dem Verdienst des Dompropstes Bernhard Lichtenberg ist es zu verdanken, dass 1909 hier die Kapelle „St. Marien" geweiht werden konnte. Die noch heute vorhandene Kirche mit Pfarrhaus wurde nach Plänen von C. Lohmer ab 1935 gebaut und am 27. Juni 1937 geweiht.

Luftaufnahme aus dem Jahre 1918 von der Treskowallee in Richtung Norden. Rechts befindet sich die Marksburgstraße, links verläuft parallel dazu die Dorotheastraße. In der Nr. 24 wohnte Paul Ogorzow, der als S-Bahn-Mörder im Jahre 1940 negative Berühmtheit erlangte. Über 30 Frauen fielen ihm zum Opfer, die meisten überlebten nicht. Seinerzeit war er als Weichenwärter im Stellwerk an der Rummelsburger Zobtener Straße tätig.

Meta Horter gründete 1912 in Friedrichsfelde-Karlshorst die erste Privatschule. Am 15. April 1914 konnte die neue Schule in der Treskowallee für die Schüler eröffnet werden. Die Kant-Schule war ein Reformgymnasium für Mädchen und Jungen mit angeschlossenem Oberrealschul-teil. Am 1. Oktober 1991 zog hier die Fachhochschule für Technik und Wirtschaft ein.

Gründungsdirektorin Eva Altmann schuf 1950 in der Kant-Schule das Planökologische Institut beim Ministerium für Planung, ab 1954 Hochschule für Ökonomie und Planung, mit dem Ziel, Fachleute für den Aufbau der Planwirtschaft auszubilden. Dieses Gebäude an der Treskowallee / Ecke Römerweg wurde 1951 bis 1957 als Studentenwohnheim und Ambulatorium errichtet.

6
Biesdorf, Kaulsdorf und Mahlsdorf

Das 1868 im spätklassizistischen Villenstil und mit einem asymmetrischen Eckturm errichtete Schloss Biesdorf geht höchstwahrscheinlich auf Pläne von Heino Schmieden zurück. Hier wohnte u. a. Wilhelm von Siemens, der vermutlich vom Turm aus erste Versuche für die drahtlose Telegrafie durchführte. Das Obergeschoss brannte im Zweiten Weltkrieg nieder und wurde bisher nicht wieder aufgebaut. Bild von 1913.

Zu den ältesten Dorfkirchen auf dem Barnim zählt die vermutlich um 1300 aus Granitquadern errichtete Biesdorfer Dorfkirche, hier 1930. In den Jahren 1897/98 wurde das Gotteshaus um die Apsis und den quadratischen Westturm erweitert. Beim Bombenangriff am 20. Januar 1944 auf Biesdorf erlitt die Kirche erhebliche Beschädigungen. Nach dem einfachen Wiederaufbau 1951 erhielt sie mit der Eröffnungsweihe den Namen Gnadenkirche.

Der Bahnhof Biesdorf konnte mit zwei leicht versetzten Seitenbahnsteigen am 1. August 1885 als Haltepunkt an der 1867 vollendeten Königlichen Ostbahn eröffnet werden, die Gleise wurden 1928 elektrifiziert. Im Juli 1941 erhielt der Bahnhof wegen der separaten Fernbahngleise einen Fußgängerübergang, der es ermöglicht, auch bei geschlossener Schranke der Oberfeldstraße die Bahnsteigseite zu wechseln. Die Ansicht zeigt den Vorplatz mit den Verkaufsbuden im Jahre 1963.

Das neue Biesdorfer Postamt in der Oberfeldstraße 1b–d wurde am 1. Februar 1955 eröffnet. Die alte Post war im Zweiten Weltkrieg zerstört worden. Im Einzugsbereich von Biesdorf, einschließlich Marzahn, wohnten seinerzeit rund 22.000 Menschen. Am 10. Juli 2003 schloss man das Postamt aus Kostengründen und eröffnete es im Biesdorf-Center neu.

In Biesdorf war in den 1950er-Jahren eine Studentenstadt mit Schwimmbad und einer Bibliothek geplant. Aus finanziellen Gründen wurden nur zwei Studentenwohnheime 1953 (Foto) und 1954 an der Oberfeldstraße errichtet. Zeitweise waren dort bis zu 2.300 Studenten der Humboldt-Universität untergebracht. Seit 1974 tragen die Gebäude den Namen des vom Pinochet-Regime ermordeten chilenischen Liedermachers Victor Jara (1938–1973).

Im Jahre 1902 wurde die auf dem Siemens'schen Gutshof untergebrachte Freiwillige Feuerwehr Biesdorf gegründet. 1947 zog sie an die Straße Alt-Biesdorf 58 um; sie ist mit vier Toren und Wachstube ausgestattet. Auf dem Hof wird seitdem auch das Gebäude der ehemaligen Remise genutzt. Diese Aufnahme entstand 1927 anlässlich des 25. Jubiläums im Schlosspark mit dem Personal der Wache.

Bereits 1912 hatte die Gesellschaft Erholung mbH Grundstücke zwischen der Wuhle und der Fortunaallee erworben, um für den Jesuitenorden ein Exerzitienhaus zu errichten. Erbauen ließ man dieses mit angegliederter Kapelle zwischen 1913 und 1920. Hier wurden auch katholische Gottesdienste abgehalten und 1939 die Herz-Jesu-Kuratie errichtet. Bekanntheit erlangte die Einrichtung später durch die Ausbildung von Priestern. Noch heute nutzt man das Haus als Erholungsheim.

Diese Innenaufnahme mit dem prächtigen Hochaltar der Herz-Jesu-Kirche an der Fortunaallee 27 entstand in den 1920er-Jahren. Am 3. Januar 1944 durch eine Luftmine erheblich zerstört, wurden das Haus und die Kapelle, außer dem Altar, schnell wieder aufgebaut, da das Gebäude dringend als Notkrankenhaus benötigt wurde.

Der Blick geht Mitte der 1920er-Jahre von der Wuhle über den gärtnerisch gestalteten Park mit Teich auf die rückwärtige Fassade des Erholungsheims Biesdorf. Der Fluss bildet die östliche Gemeindegrenze zu Kaulsdorf.

In Biesdorf-Süd nahe dem heutigen Bahnhof Wuhlheide und der Kolonie Biesenhorst errichtete Karl Janisch 1909 einen Luftschifflandeplatz und eine drehbare Halle für die Siemens-Schuckert-Luftschiffe (SSL). Diese unstarren Versuchsluftschiffe in zwei Varianten, die im Gegensatz zu den herkömmlichen Zeppelinen im Inneren kein Metallgerüst hatten, unternahmen ab 1911/12 73 Fahrten über Berlin, Potsdam und einmal Gotha.

Um 1906 wurde dieses Gebäude an der heutigen Köpenicker Straße 165/167 errichtet. Gustav Exner eröffnete hier 1907 sein Restaurant „Exner's Gesellschaftshaus". Bereits 1934 kam das Haus in den Besitz der Biesdorfer Kirchgemeinde, die noch bis 1951 eine Gastronomie zuließ. Heute ist hier das Gemeindezentrum der evangelischen Kirche Biesdorf-Süd untergebracht. Die Ansichtskarte entstand 1911 im Verlag des Architekten Paul Grass, der in der Balzer Straße 19 wohnte.

Die Gemeinde Kaulsdorf entstand 1541 als selbstständige Parochie von Biesdorf. Der gotische Feldsteinbau wurde 1715 am Kirchenschiff und den Fenstern verändert, der Westquerbau mit dem Mittelturm 1875 angebaut. Die 1945 zerstörte Kirchturmspitze baute man 1999 wieder auf. Das ursprüngliche Kreuzrippengewölbe der Sakristei an der Nordseite ist noch erhalten.

Panoramablick auf Kaulsdorf, um 1925. Die Dorfstraße verläuft parallel zur Wuhle, auf der Hochfläche des Barnims entspringt das Flüsschen auf dem Ahrensfelder Ostfriedhof bei Berlin. Weitgehend als Grünzug mit Wanderweg angelegt, mündet die Wuhle nach 16,5 Kilometern bei Köpenick in die Spree. Auf ihrem Weg führt sie auch an Marzahn und Biesdorf vorbei. Nördlich von Kaulsdorf entstand 1987 der Erholungspark Marzahn.

Der Kaulsdorfer Eigentümer und Gastwirt Franz Orlowski errichtete dieses Gebäude um 1911 in der Zanderstraße 7 / Ecke Giesestraße. Im Erdgeschoss betrieb er sein Restaurant „Zum Glockenturm" mit Schankgarten. Noch vor 1920 wurde die Gaststätte geschlossen und zu Wohnungen umgebaut. Im Bild ist Orlowski mit seinen zwei Kindern im Jahr 1914 zu sehen.

Im sogenannten Schloss Kaulsdorf wurde am 13. Juni 1909 das Berliner Bundes-Schützenhaus an der heutigen Hellersdorfer Straße eröffnet. Die Ansicht von 1911 zeigt das Gelände mit Schützenhaus und Festsaal für 800 Personen. Zudem verfügte die Einrichtung über 70 Schießstände. Schankwirt war seinerzeit Otto Schmidt. Im Zweiten Weltkrieg wurde der Festsaal zerstört. Heute ist die Villa „Pelikan" eine beliebte Jugendfreizeiteinrichtung.

Am 6. August 1782 kaufte der hugenottische Forscher Franz Carl Achard das Freigut Kaulsdorf, um in Europa vorkommende Zuckerrüben auszusäen. Sein Ziel war es, den Zuckergehalt in den Runkelrüben so hoch zu züchten, dass die Produktion im Gegensatz zum importierten Zuckerrohr lukrativer wurde. Achard eröffnete 1802 die weltweit erste Rübenzuckerfabrik in Cunern/Niederschlesien.

Der südliche Trakt der Kaulsdorfer Schule wurde 1911 errichtet. Erweiterungen erfuhr sie 1913 mit dem Mittelteil, der Turnhalle sowie dem Nordflügel. Letzteren nutzte zunächst die Gemeindeverwaltung. 1978 wurde die 21. Polytechnische Oberschule nach dem Schriftsteller und KPD-Mitglied Ludwig Turek (1898–1975) benannt. Als 32. Grundschule 1991 neu eröffnet, trägt sie seit 1993 den Namen Franz-Carl-Achard-Grundschule.

Bereits am 25. August 1869 wurde der Bahnhof Kaulsdorf mit Seitenbahnsteigen eröffnet. Einen Güterbahnhof erhielt er 1881. Das Empfangsgebäude mit vorgelagertem Bahnsteig sowie mit einem Mittelbahnsteig kam 1901, ein Fußgängertunnel 1903 dazu. 1930 wurde der Bahnhof für die S-Bahn zurückgebaut. Von 1986 bis 1990 gab es dank einer Fußgängerbrücke einen nördlichen Ausgang. Hier der Blick zur Hönower Straße, um 1909.

Die Adolfstraße verbindet Alt-Kaulsdorf mit der einstigen Bahnhofstraße, die am 11. Mai 1938 in Brodauer Straße, nach einer Stadt in Sachsen, umbenannt wurde. In der 1909 angelegten Adolfstraße wurden um 1930 diese dreigeschossigen Siedlungsbauten errichtet. Als zusammenhängende Zeilenbebauung wirken sie sehr kompakt im Gegensatz zu den umgebenden, meist einzeln stehenden Gebäuden.

Die 1925 gebildete katholische Kuratie Kaulsdorf/Mahlsdorf erwarb im selben Jahr das Ausflugs-lokal „Zum wilden Eber" in der Giesestraße 23 / Ecke Nentwigstraße für einen Kirchenbau. Der Architekt Joseph Bachem und sein engster Mitarbeiter Heinrich Horvatin errichteten die Anlage im Bauhausstil. Verwendung fanden Steine von Abrisshäusern am Alexanderplatz. Bischoff Dr. Christian Schreiber weihte „St. Martin" am 3. August 1930 ein.

Blick auf die Parkanlagen des unweit des Bahnhofs gelegenen Wilhelmplatzes an der Planitz-straße / Ecke Ferdinandstraße, 1928. Die Hermannstraße wurde bereits zu Lebzeiten nach dem in der Planitzstraße 17 wohnenden Schriftsteller Dr. phil. Ernst Edler von der Planitz (1857–1935) am 26. Juli 1927 umbenannt. Der in den USA geborene Sohn eines schwäbischen Gutsbesitzers liegt auf dem Friedhof Kaulsdorf begraben.

Die Mahlsdorfer Kirche wurde als frühgotisches Gotteshaus in der Mitte des 13. Jahrhunderts erbaut. Sie gilt aufgrund ihres Alters, ihrer architektonischen Schlichtheit und der wertvollen barocken Innenausstattung als eine der schönsten evangelischen Kirchen im östlichen Berlin. Umrahmt wird sie vom Friedhof mit Grabstätten bekannter Mahlsdorfer Bürger.

Nördlich des Mahlsdorfer Bahnhofes beginnt die Hönower Straße, die bis zur Stadtgrenze führt. Namensgeber der Straße ist das 1268 erstmals urkundlich erwähnte Angerdorf Hönow. 1995 hatte der rund 15 Quadratkilometer große Ort 2.353 Einwohner. Berühmt wurde Hönow am 1. Juli 1989, als hier erstmals die U-Bahn für 15 Monate außerhalb Berlins endete. Heute wohnen dort über 8.300 Menschen.

Idyllisch unter alten Bäumen gelegen und gut mit der Ostbahn vom Bahnhof Mahlsdorf erreichbar war das „Restaurant Gustav Schliefe" an der Hönower Straße 183. Im Garten konnten sich Mahlsdorfer wie auch die am Sonntag Zugereisten im „Jrünen" erholen. Für Regentage stand auch eine Schankterrasse zur Verfügung. Zudem gab es dort Kegelbahnen. Diese Aufnahme entstand 1926.

Wilhelm Tegelitz erwarb in den 1950er-Jahren den einstigen Dorfkrug und das spätere „Gasthaus zur Deutschen Ecke" an der Hönower Straße. Die Gaststätte mit Tanz- und Theatersaal entwickelte sich schnell zum kulturellen Zentrum von Mahlsdorf. Das Foto stammt von 1957.

Der Berliner Wilhelm Werner erwarb 1899 vom Kaulsdorfer Bauern August Giese Land am Achtrutenpfuhl und eröffnete dort 1901 seine „Gaststätte Badeschlösschen" mit Vereinssaal und schattigem Garten. Die Badeanstalt Mahlsdorf in Kaulsdorf, auch Wernerbad genannt, wurde 1905 an der Ridbacher Straße eröffnet. Auf der Ansicht von 1912 ist das Freibad mit dem überdachten Bootsanlegesteg zu sehen.

Die beiden Bären zierten zunächst das Rote Rathaus in Berlin. Auf Grund von Verwitterung wurden sie abgebaut und kamen ins Restaurant von Frida und Hermann Sommer, die ihr Weddinger Lokal in der Müllerstraße 151 „Zu den Rathausbären" nannten. Beim Anlegen der Luxemburger Straße riss man es 1906 ab. Der befreundete Gastwirt Carl Linke übernahm die Bären und stellte sie in seinem hier abgebildeten Schankgarten „Birkenwäldchen" in der Grunowstraße auf.

Die Mahlsdorfer Schule mit Turnhalle und Hofanlagen wurde 1904/05 erbaut und musste aus Platzgründen bereits 1908/09 erweitert werden. Dabei wurde der Mitteltrakt mit Aula eingefügt. Heute befindet sich dort die Friedrich-Schiller-Grundschule.

Das Mahlsdorfer Postamt befindet sich in der Fritz-Reuter-Straße. Benannt wurde die Straße 1901 nach dem Schriftsteller Fritz Reuter (1810–1874), der auch Teilnehmer des Hambacher Festes vom 27. bis 30. Mai 1832 war. Die Forderungen der Festteilnehmer beinhalteten den Ruf nach Deutscher Einheit, Freiheit und Demokratie. Links ist ein Portal der Schule (siehe oben) zu sehen.

Unweit des Bahnhofs wurde in der Wagnerstraße (heute Donizettistraße 2–4) die Feuerwache für die Freiwillige Feuerwehr Mahlsdorf errichtet. Die Anlage besteht aus einem eingeschossigen Feuerwehrdepot mit einem Tor und Steigeturm. In den Nachkriegsjahren versah man die Fassade mit Rauputz. Die Ansicht entstand um 1920.

Das Gutshaus Mahlsdorf am Hultschiner Damm 333 wurde vor 1800 als eingeschossiges Gebäude mit Krüppelwalmdach im Stil der preußischen Landesbauschule errichtet. Sein heutiges Aussehen erhielt es beim Umbau 1869, hier eine Ansicht von 1915. Im dortigen Gründerzeitmuseum gibt es ein reichhaltiges Kulturangebot, Führungen, themenorientierte Bälle und einen Trausaal. Im Gutspark finden oft Konzerte statt.

Der 1928 in Mahlsdorf geborene Lothar Berfelde erlangte unter seinem Pseudonym Charlotte von Mahlsdorf Berühmtheit. Besonders
interessierte er sich für Antikes und rettete Ein-
richtungsgegenstände aus zerbombten Häusern.
Aus seiner Sammlung entstand 1959 bis 1960
das Gründerzeitmuseum im Gutshaus Mahlsdorf, das seinerzeit zum Abriss vorgesehen war.
Sehenswertes Exponat ist auch das Interieur des
Lokals Mulackritze. Berfelde starb 2002 und
wurde auf dem evangelischen Waldfriedhof an
der Rahnsdorfer Straße beigesetzt.

Das Mahlsdorfer Rathaus am Hultschiner Damm / Ecke Rahnsdorfer Straße wurde 1911 errichtet. Dort befanden sich die Amtstelle, das Standesamt, die Steuerkasse, das Wohlfahrtsamt
und ein Straßenreinigungsdepot. Das Gebäude fiel den Zerstörungen des Zweiten Weltkriegs
zum Opfer. Heute befindet sich dort auf dem städtischen Gelände ein Recyclinghof der Berliner
Stadtreinigungsbetriebe.

Nach der Eingemeindung Mahlsdorfs zu Berlin-Lichtenberg im Jahre 1920 wuchs die Bevölkerung hier so stark an, dass zwei neue evangelische Kirchen gebaut werden mussten. Neben der Kreuzkirche 1936 in Mahlsdorf-Nord entstand in Mahlsdorf-Süd als Kirche das Theodor-Fliedner-Heim, erbaut 1937 nach Plänen des Architekten Otto Risse an der Schrobsdorffstraße. Das Heim ist auf dem Foto von 1964 zu sehen.

Für die neu aufblühende Kolonie im südlichen Teil Mahlsdorfs sollte ein Gemeindename gefunden werden. Vorgeschlagen wurden Neu-Hirschgarten, Winklers Aue und Königstal. Zu Ehren Friedrichs des Großen setzte sich 1906 zunächst inoffiziell Königstal durch. Die Regierung in Potsdam lehnte den Namen ab und sprach von Mahlsdorf-Süd, wie der Ort heute noch heißt. Die Aufnahme von der Kohlisstraße entstand 1917.

Der Ullrichplatz an der Ebereschenallee erhielt am 23. November 1923 seinen Namen. Franz Ullrich war einer der ersten Ansiedler und Mitglied des 1898 gegründeten Verschönerungsvereins „Kiekemal Mahlsdorf". Der 160 x 53 Meter große Blockplatz wurde 1925 von Erich Barth gestaltet. Als das Foto 1936 entstand, hieß er kurzzeitig Bülowplatz.

Im Karree Kohlis-, Uhland-, See- und Mechthildstraße in Mahlsdorf-Süd liegt der Körnerplatz. In dessen Mitte befindet sich der 0,5 Hektar große Körner See, der besonders bei Anglern beliebt ist. Dort gibt es Aale, Karpfen, Schleie und verschiedene Weißfischarten. Das Foto entstand im Jahre 1937.

Mit der Straßenbahn erreichte man vom Bahnhof Köpenick in fünf Minuten Fahrzeit das Hotel „St. Hubertus" mit Restaurant in Mahlsdorf-Süd. Hier zu sehen der große Ballsaal mit Bühne sowie links davor ein Klavier im Jahr 1920. Beheizt wurde der Raum mit zwei runden Öfen mit lang gestreckten Abgasrohren. Inhaber war seinerzeit Hans Seidler.

Die Aufnahme von 1941 zeigt den großen Saal der Waldgaststätte „Kiekemal" in der Alte-Fritz-Straße (seit 1951 Golzower Straße). Zu erreichen war die Gastwirtschaft von Erich Pringel mit der Straßenbahn der Linie 83 und Omnibuslinie D, Haltestelle Hubertus, und anschließendem 5-minütigen Fußweg durch den Wald. „Kiekemal" ist die 1753 gegründete Siedlung im südöstlichsten Zipfel von Mahlsdorf.

7

Marzahn und Hellersdorf

Die einstige Marzahner Dorfkirche stammte aus der zweiten Hälfte des 13. Jahrhunderts und musste 1874 wegen Baufälligkeit abgetragen werden. Die heutige Kirche mit ihrem 30 Meter hohen Turm wurde 1870/71 nach Entwürfen August Stülers und Adolph Bürckners errichtet. Die Ansicht um 1910 zeigt den Dorfanger mit spielenden Kindern.

Vom Architekten Paul Tarruhn stammten die Pläne zur Erbauung der 1912 eröffneten, zwei-geschossigen Marzahner Dorfschule. Auch die Kinder aus dem 1910 parzellierten und ab 1920 bebauten südlichen Siedlungsgebiet Marzahns konnten hier unterrichtet werden. Am 11. Sep-tember 1999 eröffnete hier in Alt-Marzahn 51 das Heimatmuseum. Ansicht um 1915.

Diese Aufnahme mit dem Gasthof von Fritz Drenske, heute wieder „Marzahner Krug" in Alt-Marzahn 49, entstand im Jahre 1900. Auf der Dorfstraße sind Pferdefuhrwerke unterwegs, die Getreidehalme geladen haben. In der Region wurde vor allem Roggen angebaut. Rechts ist die Dorfkirche zu sehen.

Die erste Marzahner Bockwindmühle erbaute 1815 der Mühlenmeister Christian Friedrich Krüger. Eine zweite Mühle entstand 1873 und eine dritte 1908 an gleicher Stelle. 1978 erwarb der Staat die Mühle und ließ sie abreißen. Auf Beschluss des Magistrats von Berlin von 1982 sollte Marzahn wieder eine Mühle erhalten, die 1994 eröffnet werden konnte. Um 1910 entstand diese Aufnahme der von Kornfeldern umrahmten dritten Mühle.

Gustav Grothe zählte zu den alteingesessenen Marzahner Großbauern. Ab 1900 begann er mit dem Anbau von gärtnerischen Produkten, z. B. verschiedenen Kohlsorten. Sein Hof in Alt-Marzahn 70 wurde wegen Neubebauung in den 1980er-Jahren abgerissen. Das Foto mit seinen Erntehelfern entstand um 1920 auf den Rieselfeldern und zeigt auch Pferde, die Pflüge zogen sowie einen modernen Lastkraftwagen, der das Gemüse in die Innenstadt Berlins transportierte.

Westlich des Dorfes wurde am 1. Mai 1898 an der Landsberger Chaussee der Bahnhof Marzahn mit einem Seitenbahnsteig und einem Empfangsgebäude an der Wriezener Bahn in Betrieb genommen. 1914 erhielt er einen Mittelbahnsteig und ein zweites Gleis, sodass hier jetzt eine Kreuzungsmöglichkeit bestand. Nach 1945 stillgelegt, erfolgte der Neubau als S-Bahnhof, der am 30. Dezember 1976 eröffnet wurde. Aufnahme von 1932.

Neben dem Fahrkartenschalter und dem Dienstraum der Aufsicht befand sich in den 1930er-Jahren im Empfangsgebäude des Bahnhofes Marzahn auch die Restauration von J. Podlewski. Hier zu sehen der Schankgarten mit zahlreichen Gästen, die unter den üppigen Kastanienbäumen verweilten. Markant ist die Bahnhofsuhr, die gerade 11.35 Uhr anzeigt.

Recht idyllisch wirkt der Gutsbezirk Hellersdorf im 1920 gebildeten Bezirk Lichtenberg. Nachdem das ursprüngliche Dorf bereits im 15. und 16. Jahrhundert wüst geworden war, entstand ab 1820 die neue Ansiedlung an einer Straßenkreuzung der Kaulsdorfer Straße und der Dorfstraße am östlichen Berliner Stadtrand. Mit der Bildung der Rieselfelder gehörte es ab 1885 zu Berlin. Ein Bahnanschluss war dort nie vorhanden.

Auf dem Gut Hellersdorf befand sich ab den 1930er-Jahren eine Gaststätte mit einem Lebensmittelgeschäft. Hier war der Mittelpunkt des Ortes. Man traf sich und feierte ausgiebig. Schankwirtin war seinerzeit Liesbeth Halang. Bei Ausgrabungen in den Jahren 1983 bis 1986 in 650 Meter Entfernung am Cottbuser Platz wurden die Fundamente der einstigen Hellersdorfer Kirche, des Friedhofs, weiterer Häuser, eines Backofens und diverse Alltagsgegenstände entdeckt.